TABLEAU GÉNÉRAL

DES

CONCESSIONS DE MINES

EN BELGIQUE

DRESSÉ D'APRÈS DES DOCUMENTS OFFICIELS

PAR

FRÉD. FABER

ATTACHÉ AU GREFFE DU CONSEIL DES MINES

BRUXELLES
IMPRIMERIE FÉLIX CALLEWAERT PÈRE
RUE DE L'INDUSTRIE, 26

1875

TABLEAU GÉNÉRAL

DES

CONCESSIONS DE MINES

EN

BELGIQUE,

DRESSÉ D'APRÈS DES DOCUMENTS OFFICIELS,

PAR

Fréd. FABER,

ATTACHÉ AU GREFFE DU CONSEIL DES MINES.

L'industrie minière, en Belgique, est d'une importance telle que tous les documents qui s'y rattachent, doivent être accueillis avec intérêt par les personnes qui s'en occupent spécialement.

Le tableau général de toutes les concessions de mines accordées depuis la loi de 1791, que nous donnons ici, les présente en un ensemble aussi complet que possible, en y ajoutant les extensions survenues depuis, ainsi que toutes les réunions advenues dans les différents bassins.

Afin de faciliter les recherches, elles sont classées par ordre alphabétique, précédées du numéro de l'arrondissement auquel elles appartiennent, et qu'on pourra retrouver dans la nomenclature qui précède le travail.

DIVISION ADMINISTRATIVE DU SERVICE DES MINES.

PREMIÈRE DIRECTION.

Provinces du Hainaut, du Brabant, des deux Flandres.

PREMIER ARRONDISSEMENT.

(*Bassin du Couchant de Mons*).

Canton de Justice de Paix de Dour;
Id. de Boussu, moins Hautrage et Villerot;
Id. de Pâturages;
Id. de Mons, moins Ghlin, Havré, Nimy, Obourg, Saint-Symphorien et Spiennes.

DEUXIÈME ARRONDISSEMENT.

(*Bassin de Charleroi*).

Canton de Justice de Paix de Chimay;
Id. de Beaumont;
Id. de Thuin;
Id. de Charleroi;
Canton de justice de paix de Châtelet;
Id. de Gosselies;
Id. de Marchienne-au-Pont et Montigny-le-Tilleul du Canton de Fontaine-l'Évêque.

TROISIÈME ARRONDISSEMENT.

(*Bassin du Centre, plus les Provinces du Brabant et des deux Flandres.*)

Province du Brabant;
Province de la Flandre Orientale;
Id. Occidentale;
Arrondissement judiciaire de Tournay;
Canton de Justice de Paix de Chièvres;
id. d'Enghien;
id. de Lens;
id. de Rœulx;
id. de Soignies;
id. de Seneffe;
id. de Binche;

Canton de Justice de Paix de Fontaine-l'Evêque, moins Marchienne-au-Pont et Montigny-le-Tilleul;

id. de Merbes-le-Château;

Hautrage et Villerot, du Canton de Boussu;

Ghlin, Havré, Nimy, Obourg, Saint-Symphorien et Spiennes du Canton de Mons.

DEUXIÈME DIRECTION.

Provinces de Liége, de Namur, du Limbourg, du Luxembourg, d'Anvers.

QUATRIÈME ARRONDISSEMENT.

Province de Namur.

CINQUIÈME ARRONDISSEMENT.

Province de Liége. — Rive gauche de la Meuse.

SIXIÈME ARRONDISSEMENT.

Province de Liége. — Rive droite de la Meuse.

SEPTIÈME ARRONDISSEMENT (1).

Arrondissement judiciaire de Huy;
Provinces du Limbourg et d'Anvers.

HUITIÈME ARRONDISSEMENT.

Province du Luxembourg.

---

(1) Par décision ministérielle du 22 décembre 1872, cet arrondissement a été augmenté des territoires suivants, retranchés aux 5e et 6e arrondissements :

1e Partie Nord-Ouest de l'arrondissement judiciaire de Liége, situé sur la rive gauche de la Meuse, comprise entre la limite de l'arrondissement judiciaire de Huy et les limites des communes de Horion Hozémont, Vilroux, Bierset, Awans et Othée, ces dernières communes incluses (partie retranchée du 5e arr.).

2e Toutes les communes des arrondissements judiciaires de Liége et de Verviers, dont les chefs-lieux sont situés entre l'Ourthe et la Vesdre, à l'exception des communes de Stembert, Verviers, Heusy et Ensival, plus les communes de Rotheux, Rimières et de Brucelles, de l'arrondissement judiciaire de Liége (partie retranchée du 6e arrondissement).

Tableau général des concessions de mines en Belgique.

N° des arrondissements.	DÉNOMINATION des CONCESSIONS.	DÉSIGNATION des CONCESSIONNAIRES PRIMITIFS.	NATURE.	MAINTENUE.				CONCESSION.				EXTENSION DE CONCESSION.				REDEVANCES en faveur des Propriétaires du sol.		Observations.
				DATES DES ARRÊTÉS.	ÉTENDUE. H.	A.	C.	DATES DES ARRÊTÉS.	ÉTENDUE. H.	A.	C.	DATES DES ARRÊTÉS.	ÉTENDUE. H.	A.	C.	Fixes par hectare.	Proportionnelle.	
5	Abhoz	Société d'Abhoz	Houille.	—	—	—	—	17 mars 1847.	235	»	»	—	—	—	—	0 25	1 p. c.	Réunit à sa concession la partie de celle de *Bonne-Foi-Homve Hareng* (153 h. 2 a. 26 c.)
												9 août 1857.	153	2	26	0 25	1 p. c.	A. R. des 11 août 1851, 3 septe bre 1858 et 22 février 1859. Emb[ts] vers les chemins de fer l'État et de St Ghislain.
1	Agrappe-et-Grisœuil . . .	. . . .	Houille.	—	—	—	—	surf. attrib.	5,418	»	»	—	—	—	—	—	—	Appartient à la *Société anony des Charbonnages Belges.*
5	Aigremont.	de Clercx de Waroux. . .	Alun.	—	—	—	—	25 juin 1852.	21	»	»	—	—	—	—	0 25	1 p. c.	
2	Aiseau-Oignies	Comte de Néverlée . . .	Houille.	—	—	—	—	30 mes. an XIII	475	»	»	—	—	—	—	—	—	
5	Alleur	Baron de Senzeilles, F. et J. Behr, S. et G. Michiels .										6 fév. 1844.	96	»	»	0 25	1 p. c.	
7	Amay-Ampsain	L. Delamine et Cie . . .	Houille.	—	—	—	—	13 janv. 1840.	380	»	»	—	—	—	—	1 00	1 1/2 p. c.	
			Calamine, pyrite, soufre, zinc, blende.	—	—	—	—	7 déc. 1829.	302	64	28	—	—	—	—	0 10	—	
												16 déc. 1848.	—	—	—	0 25	1 p. c.	Pour les mines de blende contenu dans sa concession primitive.
												20 juill. 1857.	—	—	—	0 25	1 p. c.	Pour les mines de pyrites de fer co tenues dans sa concession prir tive.
2	Amercœur.	Société d'Amercœur . . .	Houille.	26 déc 1851.	275	»	»	—	—	—	—	—	—	—	—	—	—	
				8 sept. 1862.	18	»	»	—	—	—	—	—	—	—	—	—	—	Réunit à sa concession celle *Naye-à-Bois* (18 h.).
4	Andenelle	Ve A. Léonis, Ve Duckers, Lagasse	Houille.	—	—	—	—	14 août 1827.	398	»	»	—	—	—	—	0 14	—	
												15 mars 1841.	32	22	17	0 25	1 p. c.	
4	Andenelle	F. M. Lagasse et Cie. . .	Plomb, zinc, pyrite.	—	—	—	—	14 août 1827.	226	35	28	—	—	—	—	0 10	—	Appartient à la *Société anonyme métallurgique d'Andenne.*
												24 août 1853.	—	—	—	0 25	1 p. c.	Pour les mines de zinc et de pyr contenues dans sa concession pr mitive.
4	Andenne	C. Behr, L. Fossoul, J. B. Lagasse, C. Nandrin, D[me] Jadot										15 janv. 1863.	22	»	»	0 25	1 p. c.	
			Houille.	—	—	—	—	30 déc. 1848.	177	92	43	—	—	—	—	0 25	1 p. c.	
6	Angleur.	J. M. Orban et fils, L. F. Desoer.										15 mai 1857.	39	43	81	0 25	1 p. c.	
			Houille.	—	—	—	—	30 juill. 1844.	134	»	»	—	—	—	—	2 00	2 1/2 p. c.	A. R. du 15 janvier 1854. — Em vers le chemin de fer de l'État.
												14 mars 1851.	134	»	»	2 00	2 1/2 p. c.	Appartient à la *Société anonyme Grivegnée.*
5	Ans-et-Glain.	D. Tassin	Houille.	—	—	—	—	13 janv. 1840.	187	»	»	—	—	—	—	1 00	1 1/2 p. c.	A. R. du 26 nov. 1870. — Emb[t] ve le chemin de fer Liégeois-Lim bourgeois.
												1er avril 1846.	130	»	»	0 25	1 p. c.	

DÉNOMINATION des CONCESSIONS.	DÉSIGNATION des CONCESSIONNAIRES PRIMITIFS.	NATURE.	MAINTENUE.				CONCESSION.				EXTENSION DE CONCESSION.				REDEVANCES en faveur des Propriétaires du sol.		Observations.
			DATES DES ARRÊTÉS.	ÉTENDUE. H.	A.	C.	DATES DES ARRÊTÉS.	ÉTENDUE. H.	A.	C.	DATES DES ARRÊTÉS.	ÉTENDUE. H.	A.	C.	Fixes par hectare.	Proportionnelle.	
Antheit.	Société d'Antheit	Houille.	—	—	—	—	27 oct. 1846.	267	»	»	—	—	—	—	0 50	1 p. c.	
Appaumée.	Em Moreau, Saugrain et Cie	Houille.	—	—	—	—	5 sept. 1828.	277	»	»	—	—	—	—	0 10	—	A. R. du 21 fév. 1862. — Se réunit à la concession du *Bois-Domanial*, sous la dénomination d'*Appaumée-et-Ransart*.
Appaumée et Ransart. . .	S[té] d'Appaumée et Ransart.	Houille.	21 fév. 1862.	164	»	»	21 fév. 1862.	277	»	»	—	—	—	—	0 10	—	Formée de la réunion des concessions d'*Appaumée* et du *Bois-Domanial*.
			10 avril 1863.	136	29	»	—	—	—	—	10 avril 1863.	115	50	25	0 50	2 p. c.	Réunit à sa concession, celles du *Bois-du-Roi* (136 h. 29 a.) et celle de *Fontenelle* (115 h. 50 a. 25 c.) Appartient à la *Société anonyme des Houillères unies du bassin de Charleroi*.
Arbre-Fontaine	B. Delexhy	Manganèse.	—	—	—	—	3 fév. 1863.	256	»	»	—	—	—	—	0 25	1 p. c.	
Arbre-Saint-Michel . . .	Héritiers de J. J. Géradon.	Houille.	—	—	—	—	2 mars 1829.	114	58	»	—	—	—	—	0 68	—	
											1 fév. 1859.	27	1	»	0 25	1 p. c.	
Ardinoises.	Société des Ardinoises . .	Houille.	18 juill. 1848.	181	»	»	—	—	—	—	—	—	—	—	0 25	2 p. c.	Redevances établies pour les couches comprises dans le même périmètre, mais accordées en concession. A. R. du 9 déc. 1857. — Se réunit à la concession des *Sept-Actions*, sous la dénomination de *Charbonnages réunis du Centre-de-Gilly*.
Argenteau.	Corbesier frères	Houille.	8 janv. 1848.	137	»	»	—	—	—	—	—	—	—	—	0 25	1 p. c.	Redevances établies pour les couches comprises dans le même périmètre, mais accordées en concession.
Araimont (Société anonyme).	M. et F. Petit	Houille.	—	—	—	—	27 mai 1857.	630	»	»	—	—	—	—	0 25	1 1/2 p. c.	Partage de la concession d'*Auvelais*.
Artistes	Société des Artistes . . .	Houille.	—	—	—	—	1 nov. 1827.	95	29	»	—	—	—	—	0 80	—	Appartient à la *Société anonyme de Sclessin*.
											7 sept. 1843.	35	97	»	1 50	2 p. c.	A. R. du 15 Avril 1862. — Réuni à la concession de *Xhorré*, sous la dénomination d'*Artistes-Xhorré*.
Artistes-Xhorré	Société anon. de Sclessin.	Houille.	—	—	—	—	15 avril 1862.	279	60	»	—	—	—	—	1 50	2 p. c.	Formée de la réunion des concessions des *Artistes* et de *Xhorré*.
Auvelais	M. et F. Petit	Houille.	—	—	—	—	27 juill. 1826.	723	29	77	—	—		—	0 20	—	A. R. du 27 mai 1857. — Partage de cette concession : *Auvelais*, 230 h. — *Arsimont*, 630 h.
											14 fév. 1842.	136	70	23	0 25	1 1/2 p. c.	A. R. du 31 octobre 1867. — Réuni à la concession de *Saint-Roch*, sous la dénomination de *Saint-Roch-Auvelais*.
							Réduite 27 mai 1857.	230	»	»	—	—	—	—	0 25	1 1/2 p. c.	

Nos des arrondissements.	DÉNOMINATION des CONCESSIONS.	DÉSIGNATION des CONCESSIONNAIRES PRIMITIFS.	NATURE.	MAINTENUE. Dates des arrêtés.	MAINTENUE. Étendue. H.	A.	C.	CONCESSION. Dates des arrêtés.	CONCESSION. Étendue. H.	A.	C.	EXTENSION DE CONCESSION. Dates des arrêtés.	EXTENSION. Étendue. H.	A.	C.	REDEVANCES en faveur des Propriétaires du sol. Fixes par hectare.		Proportionnelle.	Observations.
6	Baelen	J. et A. Odendahl père et fils.	Plomb.	—	—	—	—	29 mai 1850.	31	»	»	—	—	—	—	0	50	2 p. c.	Appartient à la *Soc. anon. des Min[e] et Hauts-Fourneaux de la Vesdr[e]*
6	Baelen	Delhez, Pirlot et Nicolaï.	Houille.	—	—	—	—	4 avril 1828.	567	8	64	—	—	—	—	0	20	—	A. M. du 31 août 1832. — Décharg[é] de payer la redevance.
5	Baldoz-la-Lore	Béco	Houille.	—	—	—	—	7 nov. 1828.	276	40	»	—	—	—	—	0	60	—	Appartient à la *Société anonyme d[e] la Vieille-Montagne.*
												7 sept. 1843.	9	27	78	1	50	2 p. c.	
5	Bâneux	Société Bonnefin et Bâneux.	Houille.	—	—	—	—	20 nov. 1840.	122	50	»	—	—	—	—	3	»	3 p. c.	A. R. du 17 fév. 1865. — Réuni à [la] concession de *Bonnefin*, sous cett[e] dernière dénomination.
2	Barbençon	N. Robby et J. Simonis	Zinc, plomb.	—	—	—	—	10 sept. 1853.	631	»	»	—	—	—	—	0	25	1 p. c.	
3	Barette	Société du Bois du-Luc.	Houille.	6 mars 1854.	441	»	»	—	—	—	—	—	—	—	—	—	—	—	
3	Bascoup	Société de Bascoup	Houille.	—	—	—	—	25 fév. 1808.	2,700	»	»	—	—	—	—	—	—	—	A. R. du 17 mars 1847. — Cède à l[a] *Société de Courcelles-Nord* : 43 h[.] 82 a. 88 c. A. R. du 13 janv. 1860. — Cède à la *So[-] ciété des Charbonnages du Nor[d] de Charleroi* : 11 h. 18 a. 70 c. en échange de : 14 h. 7 a. 90 c. A. R. du 6 fév. 1845. — Cède à l[a] *Société de Benne-sans-Fosse* : 34 h[.]
7	Bas-Oha	Hérit. de E. J. Collignon.	Houille.	—	—	—	—	4 nov. 1855.	140	21	»	—	—	—	—	0	25	1 p. c.	
4	Basse-Marlagne	Henuzet	Houille.	—	—	—	—	26 déc. 1821.	118	»	»	—	—	—	—	0	10	—	
												9 Déc. 1829.	27	»	»	0	20	—	
6	Basse-Rancy	F. Braconnier	Houille.	—	—	—	—	22 sept. 1828.	198	26	»	—	—	—	—	0	50	—	
4	Basse-Sambre (charb. réun. de la) (Société anonyme).	Société anon. des charbon. réunis de la Basse-Sambre.	Houille.	—	—	—	—	20 oct. 1859.	550	82	52	—	—	—	—	0	10	—	Formée de la réunion des concessions de *Tamine* et *Moignelée.*
												10 août 1864.	4	45	3	0	25	1 p. c.	
												3 déc. 1872.	»	53	»	0	25	1 p. c.	
5	Batterie	Dlles Dereux et Cies	Houille.	—	—	—	—	1er mai 1830.	145	35	49	—	—	—	—	0	60	—	Appartient à la *Société anonyme des charbonn. de Bonne-Espérance-et-Batterie.* A. R. du 31 août 1860. — Embt vers la chaussée du faub. de Vivegnies, à Liége.
2	Baulet	Société de Baulet.	Houille.	—	—	—	—	28 mes. an XIII	650	»	»	—	—	—	—	—	—	—	A. R. des 15 juin 1853 et 30 avril 1857. — Embts vers la Sambre et le chemin de fer de l'État.
2	Bayemont	Ste du Bois-de-Bayemont.	Houille.	18 oct. 1827.	111	63	»	—	—	—	—	—	—	—	—	—	—	—	Appartient à la *Société anonyme de Monceau-sur-Sambre.*
												18 oct. 1827.	49	29	»	0	20	—	
				30 mai 1851.	34	»	»	—	—	—	—	30 mai 1851.	1	68	»	0	50	2 p. c.	Réunit à sa concession celle de *Chaw-à-Roc* (35 h. 68 a.).

	DÉNOMINATION des CONCESSIONS.	DÉSIGNATION des CONCESSIONNAIRES PRIMITIFS.	NATURE.	MAINTENUE.				CONCESSION.				EXTENSION DE CONCESSION.				REDEVANCES en faveur des Propriétaires du sol.		Observations.
				DATES DES ARRÊTÉS.	ÉTENDUE. H.	A.	C.	DATES DES ARRÊTÉS.	ÉTENDUE. H.	A.	C.	DATES DES ARRÊTÉS.	ÉTENDUE. H.	A.	C.	Fixes par hectare.	Proportionnelle.	
3	Beaulieusart	Ste de Fontaine-l'Evêque	Houille.	—	—	—	—	22 avril 1869.	500	»	»	—	—	—	—	0 50	1 p. c.	
4	Beauloy-Grandcelle	B. Mary	Fer.	—	—	—	—	30 déc. 1828 réduite 13 juill. 1863.	488 278	» 65	» 25	— —	— —	— —	— —	0 06 0 06	— —	A. R. du 18 juil. 1863. — Cessions de : 130 h. 57 a. 70 c. formant concession nouvelle sous la dénomination de *Beauloy-Grandcelle (Namèche)*, et de : 80 h. 77 a. 5 c. formant concession nouvelle, sous la dénomination de *Beauloy-Grandcelle Pierpont et Cris*).
4	Beauloy-Grandcelle(Namèche)	L. Namèche	Fer	—	—	—	—	18 juill. 1863.	139	57	79	—	—	—	—	0 06	—	Partie cédée de la concession de *Beauloy-Grandcelle*.
4	Beauloy-Grandcelle (Pierpont et Cris)	De Pierpont et Cris	Fer.	—	—	—	—	18 juill. 1863.	80	77	5	—	—	—	—	0 06	—	Partie cédée de la concession *Beauloy-Grandcelle*.
1	Belle-et-Bonne (Société anon.)	Société de Belle-et-Bonne.	Houille.	30 juin 1830. 25 avril 1868.	1,196 396	» »	» »	— —	— —	— —	— —	— —	— —	— —	— —	— —	— —	Pour accorder cette maintenue, l'on s'est basé sur les anciens octrois, d'après lesquels l'A. R. du 30 juin 1830 n'avait accordé la maintenue que d'une fraction du périmètre.
1	Belle-Victoire	D. Delecourt	Houille.	—	—	—	—	13 sept. 1820.	2,376	»	»	—	—	—	—	0 10	—	
2	Belle-Vue, à Charleroi	Société anon. des charbon. réunis de Charleroi	Houille	12 mai 1858.	»	»	»	—	—	—	—	—	—	—	—	—	—	Cette concession fut maintenue et réunie à d'autres concessions par le même A. R., sous la dénomination de *Charbonnages réunis de Charleroi*.
5	Belle-Vue, à Saint-Laurent (Société anonyme)	Société de Belle-Vue.	Houille.	..	—	—	—	1er janv. 1826.	54	40	50	— 30 juill. 1844.	— 3	— 69	— —	0 50 2 00	— 2 1/2 p. c.	
1	Belle-Vue, Baisieux, Dour et Thulin	Société Nationale pour entreprises industrielles, à Bruxelles	Houille.	30 mai 1844.	3,831	7	48	—	—	—	—	30 mai 1844.	107	92	52	0 25	1 p. c	A. R. des 4 fév. 1851, 2 nov. 1860 et 6 juin 1874. — Embts vers le chemin de fer de Saint-Ghislain. Appartient à la *Société anonyme des charbonnages unis de l'Ouest de Mons*.
5	Belle-Vue-et-Bien-Venue	F. J. Corbisier et Cris.	Houille.	14 janv. 1830.	93	38	»	—	—	—	—	—	—	—	—	—	--	A. R. du 9 nov. 1850. — Embt vers le canal de Liége à Maestricht.
7	Ben	P. Francotte, J. Lamarche et J. Desoer	Houille.	—	—	—	—	7 juin 1829.	497	77	»	—	—	—	—	0 50	—	

N° des arrondissements.	DÉNOMINATION des CONCESSIONS.	DÉSIGNATION des CONCESSIONNAIRES PRIMITIFS.	NATURE.	MAINTENUE.				CONCESSION.				EXTENSION DE CONCESSION.				REDEVANCES en faveur des Propriétaires du sol.		Observations.
				DATES DES ARRÊTÉS.	ÉTENDUE.			DATES DES ARRÊTÉS.	ÉTENDUE.			DATES DES ARRÊTÉS.	ÉTENDUE.			Fixes par hectare.	Proportionnelle.	
					H.	A.	C.		H.	A.	C.		H.	A.	C.			
7	Ben	P. Francotte, J. Lamarche et J. Desoer	Plomb, zinc.	—	—	—	—	8 juin 1849	365	»	»	— 12 mai 1858.	— 28	— »	— »	0 25 0 25	1 p. c 1 p. c.	
8	Bende	Bon de Tornaco, Adams, Tagnon et Bon Vanderstraeten	Houille.	—	—	—	—	30 sept. 1839.	127	21	57	—	—	—	—	0 25	1 1/2 p. c.	
2	Benne-sans-Fosse	Ste de Benne-sans-Fosse	Houille.	6 fév. 1845.	70	»	»	—	—	—	—	—	—	—	—	—	—	A. R. du 24 mars 1841. — Embt ve[rs] le canal de Charleroi à Bruxelle[s]. A. R. du 17 mars 1847. - Réuni [à] la concession de *Courcelles-Nor[d]*, sous cette dernière dénominatio[n].
5	Bicquet	Société de Bicquet	Houille.	—	—	—	—	2 mars 1854.	83	»	»	—	—	—	—	0 25	1 p. c.	A. R. du 25 Janv. 1861. — Réuni à [la] concession de *Gorée*, sous la dé[-]nomination de *Bicquet-et-Gorée*.
5	Bicquet-et-Gorée	Société de Bicquet-et-Gorée.	Houille	—	—	—	—	25 janv. 1861.	494	»	»	—	—	—	—	0 25	1 p. c.	Formée de la réunion des conces[-]sions de *Bicquet* et *Gorée*.
4	Bienaufois	Th. de Reul et Cie	Houille.	—	—	—	—	8 mars 1829 réduite 25 nov. 1837.	164 91	25 5	60 60	— — 26 mai 1864.	— — 4	— — 90	— — »	0 10 0 25 0 25	— 1 p. c. 1 p. c.	A. R. du 25 nov. 1837. — Cède à [la] concession de *Chaudin* : 73h 20[a]
6	Bierleux	M. Fromont, A. Pierre et M. Derive.	Manganèse.	—	—	—	—	18 mai 1867.	390	»	»	—	—	—	—	0 25	1 p. c.	
4	Biesme	Puissant	Fer.	—	—	—	—	23 déc. 1828.	911	»	»	—	—	—	—	0 10	—	
4	Biesmerée	Cie d'Oultremont de Wegimont et Cie	Fer.	—	—	—	—	17 déc. 1828	850	»	»	—	—	—	—	0 10	—	
8	Bihain	Société du Luxembourg.	Manganèse.	—	—	—	—	15 juill. 1830.	207	»	»	—	—	—	—	0 10	—	
1	Blaton	Cie du Chastel et Cie	Houille.	—	—	—	—	16 juin 1830.	2,033	»	»	—	—	—	—	0 10	—	
6	Bleyberg (Société anonyme).	Cockerill et Cie	Plomb, zinc, pyrite.	—	—	—	—	15 juin 1828.	285	6	»	— 21 mai 1851. 13 déc. 1855. 27 fév. 1856 17 janv. 1867.	— » 112 473 701	— » » » »	— » » » »	1 00 0 25 0 25 0 25 0 25	— 1 p. c. 1 p. c 1 p. c. 1 p. c.	Pour les mines de zinc contenues dans le périmètre de sa concession et non encore concédées.
1	Bois (Société anonyme)	Société de la Fosse-du-Bois.	Houille.	26 déc. 1839 réduite. 25 juill. 1860.	547 386	» »	» »	—	—	—	—	—	—	—	—	—	—	A. R. du 25 juil. 1860. — Cède à la *Société du Haut-Flénu* : 161 h.
6	Bois communal d'Angleur	J. Defrère, P. Lesoinne et Cie.	Plomb, pyrite, calamine, blende.	—	—	—	—	20 janv. 1855.	18	28	30	— 5 nov. 1862.	— »	— »	— »	0 25 0 50	2 p. c. 2 p. c.	Pour les mines de pyrite, de blende et de calamine, cont. dans sa concess. A. R. du 20 mars 1872. — Réuni à la concession de *Kinkempois*, sous cette dernière dénomination.
2	Bois communal de Fleurus	Ste du Bois com. de Fleurus	Houille.	9 déc. 1861.	92	9	6	—	—	—	—	—	—	—	—	—	—	
2	Bois-de-Casier (Société anon).	Dme Desmanet de Vivelles.	Houille.	—	—	—	—	30 sept. 1822.	254	»	»	—	—	—	—	0 10	—	

	DÉNOMINATION des CONCESSIONS.	DÉSIGNATION des CONCESSIONNAIRES PRIMITIFS.	NATURE.	MAINTENUE.				CONCESSION.				EXTENSION DE CONCESSION.				REDEVANCES en faveur des Propriétaires du sol.		Observations.
				DATES DES ARRÊTÉS.	ÉTENDUE. H.	A.	C.	DATES DES ARRÊTÉS.	ÉTENDUE. H.	A.	C.	DATES DES ARRÊTÉS.	ÉTENDUE. H.	A.	C.	Fixes par hectare	Proportionnelle.	
3	Beaulieusart	Ste de Fontaine-l'Evêque .	Houille.	—	—	—	—	22 avril 1869.	590	»	»	—	—	—	—	0 50	1 p. c.	
4	Beauloy-Grandcelle . . .	B. Mary	Fer.	—	—	—	—	30 déc. 1828 réduite 13 juill. 1863.	488 278	» 65	» 25	— —	— —	— —	— —	0 06 0 06	— —	A. R. du 18 juil. 1863. — Cessions de : 130 h. 57 a. 70 c. formant concession nouvelle sous la dénomination de *Beauloy-Grandcelle (Namèche)*, et de : 80 h. 77 a. 5 c. formant concession nouvelle, sous la dénomination de *Beauloy-Grandcelle Pierpont et Cie*).
4	Beauloy-Grandcelle(Namèche)	L. Namèche	Fer.	—	—	—	—	18 juill. 1863.	130	57	70	—	—	—	—	0 06	—	Partie cédée de la concession de *Beauloy-Grandcelle*.
4	Beauloy-Grandcelle (Pierpont et Cie)	De Pierpont et Cie . . .	Fer.	—	—	—	—	18 juill. 1863.	80	77	5	—	—	—	—	0 06	—	Partie cédée de la concession *Beauloy-Grandcelle*.
1	Belle-et-Bonne (Société anon.)	Société de Belle-et-Bonne.	Houille.	30 juin 1830. 25 avril 1868.	1,196 396	» »	» »	— —	— —	— —	— —	— —	— —	— —	— —	— —	— —	Pour accorder cette maintenue, l'on s'est basé sur les anciens octrois, d'après lesquels l'A. R. du 30 juin 1830 n'avait accordé la maintenue que d'une fraction du périmètre.
1	Belle-Victoire.	D. Delecourt	Houille.	—	—	—	—	13 sept. 1820.	2,376	»	»	—	—	—	—	0 10	—	
2	Belle-Vue, à Charleroi. . .	Société anon. des charbon. réunis de Charleroi . .	Houille	12 mai 1858.	»	»	»	—	—	—	—	—	—	—	—	—	—	Cette concession fut maintenue et réunie à d'autres concessions par le même A. R., sous la dénomination de *Charbonnages réunis de Charleroi*.
5	Belle-Vue, à Saint-Laurent (Société anonyme) . . .	Société de Belle-Vue. . .	Houille.		—	—	—	1er janv. 1826.	54	40	50	— 30 juill. 1844.	— 3	— 69	— —	0 50 2 00	— 2 1/2 p. c.	
1	Belle-Vue, Baisieux, Dour et Thulin	Société Nationale pour entreprises industrielles, à Bruxelles	Houille.	30 mai 1844.	3,831	7	48	—	—	—	—	30 mai 1844.	107	92	52	0 25	1 p. c	A. R. des 4 fév. 1851, 2 nov. 1860 et 6 juin 1874. — Embts vers le chemin de fer de Saint-Ghislain. Appartient à la *Société anonyme des charbonnages unis de l'Ouest de Mons*.
5	Belle-Vue-et-Bien-Venue .	F. J. Corbisier et Cie. . .	Houille.	14 janv. 1830.	93	38	»	—	—	—	—	—	—	—	—	—	—	A. R. du 9 nov. 1850. — Embt vers le canal de Liége à Maestricht.
7	Ben.	P. Francotte, J. Lamarche et J. Desoer	Houille.	—	—	—	—	7 juin 1829.	497	77	»	—	—	—	—	0 50	—	

Nos des arrondissements.	DÉNOMINATION des CONCESSIONS.	DÉSIGNATION des CONCESSIONNAIRES PRIMITIFS.	NATURE.	MAINTENUE. Dates des arrêtés.	Étendue. H.	A.	C.	CONCESSION. Dates des arrêtés.	Étendue. H.	A.	C.	EXTENSION DE CONCESSION. Dates des arrêtés.	Étendue. H.	A.	C.	REDEVANCES en faveur des Propriétaires du sol. Fixes par hectare	Proportionnelle.	Observations.
7	Ben	P. Francotte, J. Lamarche et J. Desoer	Plomb, zinc.	—	—	—	—	8 juin 1849	365	»	»	—	—	—	—	0 25	1 p. c	
												12 mai 1858.	28	»	»	0 25	1 p. c.	
8	Bende	Bon de Tornaco, Adams, Tagnon et Bon Vanderstraeten	Houille.	—	—	—	—	30 sept. 1839.	127	21	57	—	—	—	—	0 25	1 1/2 p. c.	
2	Benne-sans-Fosse	Ste de Benne-sans-Fosse	Houille.	6 fév. 1845.	70	»	»	—	—	—	—	—	—	—	—	—	—	A. R. du 24 mars 1841. — Embt ve[rs] le canal de Charleroi à Bruxelle[s]. A. R. du 17 mars 1847. - Réuni [à] la concession de *Courcelles-Nor[d]* sous cette dernière dénominatio[n].
5	Bicquet	Société de Bicquet	Houille.	—	—	—	—	2 mars 1854.	83	»	»	—	—	—	—	0 25	1 p. c.	A. R. du 25 Janv. 1861. — Réuni à [la] concession de *Gorée*, sous la d[é]nomination de *Bicquet-et-Gorée*.
5	Bicquet-et-Gorée	Société de Bicquet-et-Gorée.	Houille	—	—	—	—	25 janv. 1861.	494	»	»	—	—	—	—	0 25	1 p. c.	Formée de la réunion des conce[s]sions de *Bicquet* et *Gorée*.
4	Bienaufois	Th. de Reul et Cie	Houille.	—	—	—	—	8 mars 1829	164	25	60	—	—	—	—	0 10	—	A. R. du 25 nov. 1837. — Cède à [la] concession de *Chaudin* : 73h 20[a]
								réduite 25 nov. 1837.	91	5	60	—	—	—	—	0 25	1 p. c.	
												26 mai 1864.	4	90	»	0 25	1 p. c.	
6	Bierleux	M. Fromont, A. Pierre et M. Derive	Manganèse.	—	—	—	—	18 mai 1867.	390	»	»	—	—	—	—	0 25	1 p. c.	
4	Biesme	Puissant	Fer.	—	—	—	—	23 déc. 1828.	911	»	»	—	—	—	—	0 10	—	
4	Biesmerée	Cte d'Oultremont de Wegimont et Cie	Fer.	—	—	—	—	17 déc. 1828	850	»	»	—	—	—	—	0 10	—	
8	Bihain	Société du Luxembourg	Manganèse.	—	—	—	—	15 juill. 1830.	207	»	»	—		—	—	0 10	—	
1	Blaton	Cte du Chastel et Cie	Houille.	—	—	—	—	16 juin 1830.	2,033	»	»	—	—	—	—	0 10	—	
6	Bleyberg (Société anonyme)	Cockerill et Cie	Plomb, zinc, pyrite.	—	—	—	—	15 juin 1828.	285	6	»	—	—	—	—	1 00	—	
												21 mai 1851.	»	»	»	0 25	1 p. c.	Pour les mines de zinc contenue[s] dans le périmètre de sa concession et non encore concédées.
												13 déc. 1855.	112	»	»	0 25	1 p. c	
												27 fév 1856	473	»	»	0 25	1 p. c.	
												17 janv. 1867.	701	»	»	0 25	1 p. c.	
1	Bois (Société anonyme)	Société de la Fosse-du-Bois.	Houille.	26 déc. 1839	547	»	»	—	—	—	—	—	—	—	—	—	—	A. R. du 25 juil. 1860. — Cède à la *Société du Haut-Flénu* : 161 h.
				réduite. 25 juill. 1860.	386	»	»	—	—	—	—	—	—	—	—	—	—	
6	Bois communal d'Angleur	J. Defrère, P. Lesoinne et Cie.	Plomb, pyrite, calamine, blende.	—	—	—	—	20 janv. 1855.	18	28	30	—	—	—	—	0 25	2 p. c.	
												5 nov. 1862.	»	»	»	0 50	2 p. c.	Pour les mines de pyrite, de blende et de calamine, cont. dans sa concess. A. R. du 20 mars 1872. — Réuni à la concession de *Kinkempois*, sous cette dernière dénomination.
2	Bois communal de Fleurus	Ste du Bois com. de Fleurus	Houille.	9 déc. 1861.	92	9	6	—	—	—	—	—	—	—	—	—	—	
2	Bois-de-Casier (Société anon).	Dme Desmanet de Vivelles.	Houille.	—	—	—	—	30 sept. 1822.	254	»	»	—	—	—	—	0 10	—	

DÉNOMINATION des CONCESSIONS.	DÉSIGNATION des CONCESSIONNAIRES PRIMITIFS.	NATURE.	MAINTENUE.				CONCESSION.				EXTENSION DE CONCESSION.				REDEVANCES en faveur des Propriétaires du sol.		Observations.
			DATES DES ARRÊTÉS.	ÉTENDUE. H.	A.	C.	DATES DES ARRÊTÉS.	ÉTENDUE. H.	A.	C.	DATES DES ARRÊTÉS.	ÉTENDUE. H.	A.	C.	Fixes par hectare.	Proportionnelle.	
Bois-de-Colfontaine. . . .	Société du Grand-Bouillon.	Houille.	—	—	—	—	20 juill. 1807.	333	»	»	—	—	—	—	—	—	
Bois-de-Gives	Ve F. Delgeyr, J. Degir, P. Genicot.	Houille.	7 juill. 1829.	70	58	»	—	—	—	—	—	—	—	—	0 50	—	Redevances établies pour les propriétaires avec lesquels n'existaient pas de conventions antérieures. A. R. du 3 juil. 1828. — Réuni à la concession du *Bois-de-Saint-Paul*, sous la dénomination de *Bois-de-Gives-et-Bois-de-Saint-Paul*.
Bois-de-Gives-et-Bois-de-Saint-Paul.	Société du Bois-de-Gives-et-du-Bois-de-Saint-Paul. .	Houille.	3 juill. 1838.	70 128	58 18	» »	—	—	—	—	—	—	—	—	0 50 0 90	—	Formée de la réunion des concessions du *Bois-de-Gives* et du *Bois-de-Saint-Paul*.
											24 mars 1848.	190	»	»	0 25	1 p. c.	
Bois-de-la-Haye	Société du Bois-de-la-Haye.	Houille.	—	—	—	—	28 sept. 1861.	634	»	»	...	—	—	—	0 50	1 1/2 p. c.	A. R. du 25 juil. 1873. — Embt vers le chem. de fer de Leval à Piéton.
											22 avril 1889.	405	»	»	0 50	1 1/2 p. c.	
Bois-d'Elville, dit la Marine.	Société du Bois-d'Elville. .	Houille.	3 mai 1846.	27	»	»	—	—	—	—	—	—	—	—	—	—	
Bois de-Marexhe	Mottart	Houille.	—	—	—	-	17 mai 1846.	63	»	»	—	—	—	—	0 25	1 p. c.	
Bois-de-Saint-Lambert . .	Comte de Geloes	Houille.	—	—	—	—	30 juin 1841.	143	72	82	—	—	—	—	0 50	1 p. c.	
Bois-de-Saint-Paul. . . .	M. Nandrin, L. Bodson. .	Houille.	7 juin 1829.	128	18	»	—	—	—	—	—	—	—	—	0 90	—	Redevances établies pour les propriétaires avec lesquels n'existaient pas de conventions antérieures. A. R. du 3 juillet 1838. — Réuni à la concession de *Bois-de-Gives*, sous la dénomination de *Bois-de-Gives-et-Bois-de-Saint-Paul*.
Bois-des-Hamendes . . .	Ste du Bois-des-Hamendes.	Houille.	28 sept. 1828.	131	»	»	—	—	—	...	—	—	—	—	—	—	A. R. du 12 mai 1858. — Réuni à d'autres concessions, sous la dénomination de *Charbonnages-réunis-de-Charleroi*.
Bois-des-Moines.	M. H. J. Hennay	Houille.	—	—	—	—	7 nov. 1828.	110	51	»	—	—	—	—	0 60	—	
											3 juin 1830.	54	44	20	0 60	—	
Bois-de-Soleilmont. . . .	Ste du Bois-de-Soleilmont.	Houille.	27 mars 1848.	81	»	»	—	—	—	—	—	—	—	—	0 25	1 1/2 p. c.	Redevances établies pour des couches comprises dans le même périmètre, mais accordées en concession.
Bois-des-Vallées	Ste du Bois-des-Vallées. .	Houille.	—	—	—	—	23 déc. 1843.	168	»	»	—	—	—	—	0 50	1 1/2 p. c.	A. R. du 25 sept. 1869. — Réuni à la concession du *Piéton*, sous la dénomination de *Piéton-Centre*.
Bois-d'Heigne-et-Cabinette .	Lignan et Crts	Houille.	15 juin 1828.	228	»	»	—	—	—	—	—	—	—	—	—	—	A. R. du 20 fév. 1855. — Réuni à la concession de *Cayelette-Her-*

Nos des arrondissements.	DÉNOMINATION des CONCESSIONS.	DÉSIGNATION des CONCESSIONNAIRES PRIMITIFS.	NATURE.	MAINTENUE.				CONCESSION.				EXTENSION DE CONCESSION.				REDEVANCES en faveur des Propriétaires du sol.		Observations.
				DATES DES ARRÊTÉS.	ÉTENDUE. H.	A.	C.	DATES DES ARRÊTÉS.	ÉTENDUE. H.	A.	C.	DATES DES ARRÊTÉS.	ÉTENDUE. H.	A.	C.	Fixes par hectare.	Proportionnelle.	
																		mite et-Grosse-Fosse, sous la d nomination de *Cayelette-Her mite-et-Grosse-Fosse-et-Boi d'Heigne*.
2	Bois-Domanial	Ste d'Appaumée et-Ransart	Houille.	3 mai 1846.	164	»	»	—	—	—	—	—	—	—	—	— —	—	A. R. du 21 fév. 1862. — Réuni à concession d'*Appaumée*, sous dénomination d'*Appaumée-et Ransart*.
4	Bois d'Orjo	de Lemede d'Hermoge	Houille.	—	—	—	—	20 août 1823.	45	»	»	—	—	—	—	0 20	—	
5	Bois d'Otheit.	Mme L. de Serdobin	Houille.	—	—	—	—	2 mars 1829.	50	25	»	—	—	—	—	0 30	—	
												1er fév. 1859.	29	23	»	0 25	1 p. c.	
3	Bois-du-Luc-et-Trivières.	Société du-Bois-du-Luc.	Houille.	4 mars 1822.	2,084	»	»	—	—	—	—	—	—	—	—	— —	—	
2	Bois-du-Prince	Comtesse de Spangen	Houille.	—	—	—	—	29 janv. 1829.	319	»	»	—	—	—	—	0 10	—	
2	Bois-du-Roi	J. A. Cossée.	Houille.	20 oct. 1827.	136	29	»	—	—	—	—	—	—	—	—	— —	—	A. R. du 10 avril 1863. — Réuni a concessions de *Fontenelle* et d'*A paumée-et-Ransart*, sous cet dernière dénomination.
6	Bois-du-Val-Saint-Lambert.	F. Desoer	Houille.	—	—	—	—	16 août 1860.	113	5	»	—	—	—	—	1 00	1 p. c.	
												24 nov. 1866	161	»	»	1 00	1 p. c.	
7	Bois-et-Borsu	H. Mouton, N. Halleux et D. d'Ayeneux	Houille.	—	—	—	—	16 déc. 1827	240	57	»	—	—	—	—	0 20	—	
4	Bois-Noust	J. Noust et Cie	Houille.	—	—	—	—	5 nov. 1823.	44	8	»	—	—	—	—	0 10	—	A. R. du 6 avril 1839. — Réuni à concession de *Jambe*, sous cet dernière dénomination.
4	Boloye.	L. Namèche.	Pyrite.	—	—	—	—	3 oct. 1862.	157	»	»	—	—	—	—	0 25	3 p. c.	
5	Bon-Espoir	Hennay et Cie.	Houille.	—	—	—	—	22 avril 1830.	174	95	»	—	—	—	—	0 60	—	
5	Bon-Espoir-et-Bons-Amis	ve Hardy-Colon, Fraikin, Tollet.	Houille.	—	—	—	—	4 prair. an XIII.	172	»	»	—	—	—	—	— —	—	
												2 mars 1854.	1,010	»	»	0 25	1 p. c.	
2	Bonne-Espérance, à Lambusart (Société anonyme)	F. Defontaine	Houille.	3 nov. 1841.	115	»	»	—	—	—	—	—	—	—	—	0 25	2 p. c.	Redevances établies pour des co ches comprises dans le même p rimètre, mais accordées en co cession.
2	Bonne-Espérance, à Montigny (Société anonyme)	Ste de Bonne-Espérance	Houille.	10 juin 1847.	72	»	»	—	—	—	—	—	—	—	—	— —	—	A. R. des 6 fév. 1857, 3 fév. 1860 31 déc. 1867. — Embts vers la San bre et le chemin de fer du Grand Central.
5	Bonnefin (Société anon.)	Société de Bonnefin	Houille.	—	—	—	—	12 nov. 1806.	267	97	30	—	—	—	—	— —	—	
												1er janv. 1826.	28	62	»	0 50	—	
												5 oct. 1827.	82	55	»	0 50	—	
												31 août 1830	128	92	»	1 00	—	
												31 oct. 1845	47	»	»	3 00	3 p. c.	
												17 févr. 186[illegible]	122	50	»	3 00	3 p. c.	Réunit à sa concession celle *Bâneux* (122 h. 50 a.).

DÉNOMINATION des CONCESSIONS.	DÉSIGNATION des CONCESSIONNAIRES PRIMITIFS.	NATURE.	MAINTENUE.				CONCESSION.				EXTENSION DE CONCESSION.				REDEVANCES en faveur des Propriétaires du sol.		Observations.
			DATES DES ARRÊTÉS.	ÉTENDUE. H.	A.	C.	DATES DES ARRÊTÉS.	ÉTENDUE. H.	A.	C.	DATES DES ARRÊTÉS.	ÉTENDUE. H.	A.	C.	Fixes Par hectare.	Proportionnelle.	
Bonne-Foi-Homvent-Hareng	Société de Bonne-Foi-Homvent-Hareng	Houille.	—	—	—	—	2 mars 1854.	337	»	»	—	—	—	—	0 25	1 p. c.	A. R. du 9 août 1857. — Cède à la concession d'*Abhoz* : 153 h. 2 a. 26 c.
Bonne-Fortune	David, Davignon et Cies. .	Houille.	—	—	—	—	réduite 9 août 1857.	183	97	74	—	—	—	—	0 25	1 p. c.	
							9 août 1838.	167	1	78	—	—	—	—	0 40	2 p. c.	
											7 sept. 1843.	79	96	14	0 40	2 p. c.	
Bonnet-et-Veine-à Mouches.	Société de Bonnet-et-Veine-à-Mouches	Houille.	16 janv. 1824	263	11	»	—	—	—	—	—	—	—	—	—	—	Les sociétés du *Centre du-Flénu* et de *Turlupu* ont cédé à celle-ci, leur exploitation, à forfait. — Appartient, depuis 1854, à la *Société anonyme des houillères réunies, à Quaregnon.*
Bonnier	Société du Bonnier . . .	Houille.	—	—	—	—	20 nov. 1840	158	55	54	—	—	—	—	1 50	1 1/2 p. c.	Dans ce périmètre se trouve comprise une cession de : 16 h. 72 a. 69 c. faite par la *Société Gosson-Lagasse.*
											28 sept. 1856.	94	72	»	1 50	1 1/2 p. c.	
Bonnine	C. Barbaix	Fer.	—	—	—	—	15 août 1825.	545	»	»	—	—	—	—	0 06	—	
Bossimé	Comte A. de Liedekerke .	Houille.	—	—	—	—	28 juill. 1828.	232	»	»	—	—	—	—	0 20	—	
Boubier	Société du Boubier . . .	Houille.	—	—	—	—	11 févr. 1844.	304	41	»	—	—	—	—	0 50	1 1/2 p. c.	
											9 août 1854.	10	89	»	0 50	1 1/2 p. c.	Cession de 10 h. 89 a. faite par la *Société du Carabinier-Français.*
											9 janv. 1865.	63	21	»	0 50	1 1/2 p. c.	
Bouck-Gaillard-Cheval . .	Puraye et Cies	Houille.	—	—	—	—	1er mai 1830.	154	28	»	—	—	—	—	0 60	—	Appartient à la *Société anonyme des charbonnages de Bonne-Espérance-et-Batterie.*
											2 mars 1854.	70	»	»	0 25	1 p. c.	
Bouhouille	Héritiers de M. Sélys . .	Houille.	31 déc. 1847.	253	60	»	—	—	—	—	—	—	—	—	0 25	1 p. c.	Redevances établies pour des couches comprises dans le même périmètre, mais accordées en concession. A. R. du 21 mai 1872. — Réuni aux concess de *Chératte* et de *Housse*, sous la dénomination de *Chératte.*
Boussu - et - Sainte - Croix - Sainte-Claire	Société du Nord-du-Bois-de-Boussu	Houille.	15 mars 1854.	1,084	»	»	—	—	—	—	15 mars 1854.	43	»	»	0 50	1 p. c.	Formé de la réunion des concessions du *Nord-du-Bois-de-Boussu*, du *Midi-du-Bois-de Boussu* et de *Sainte-Croix-Sainte-Claire.* Appartient à la *Société anonyme des charbonnages unis de l'Ouest de Mons.*

Nos des arrondissements	DÉNOMINATION des CONCESSIONS.	DÉSIGNATION des CONCESSIONNAIRES PRIMITIFS.	NATURE.	MAINTENUE. DATES DES ARRÊTÉS.	MAINTENUE. ÉTENDUE. H.	A.	C.	CONCESSION. DATES DES ARRÊTÉS.	CONCESSION. ÉTENDUE. H.	A.	C	EXTENSION DE CONCESSION. DATES DES ARRÊTÉS.	EXTENSION. ÉTENDUE. H	A.	C.	REDEVANCES en faveur des Propriétaires du sol. Fixes par hectare	Proportionnelle.	Observations.
												323						
3	Bray-Maurage-et-Boussoit (Société anon.)	Vicomte P. C. Desmanet de Biesme.	Houille.	—	—	—	—	6 août 1827.	1,400	75	»	—	—	—	—	0 10	—	A. R du 17 déc 1870. — Embt v le chem. de fer de Mons à Mana
2	Buissières.	Société de la Sambre.	Fer.	—	—	—	—	16 août 1827.	202	90	65	—	—	—	—	0 10	—	Appartient à la *Compagnie anony des mines, fourneaux, forges laminoirs de la Sambre.*
1	Buisson	Société du Buisson	Houille.	21 juin 1841.	1,361	»	»	—	—	—	—	—	—	—	—	—	—	
7	Burton.	Cte E. d'Oultremont.	Houille.	—	—	—	—	2 mars 1829	316	3	»	—	—	—	—	0 50	—	
												23 août 1846.	30	»	»	0 50	1 p. c.	
												17 juin 1871.	222	»	»	0 50	1 p. c.	
1	Cache-Après, Crachet et Ostenne réunis (Levant-du-Flénu), (Société anon.).	Société de Cache Après, Crachet et Ostenne.	Houille.	17 avril 1829.	1,195	23	2	—	—	—	—	—	—	—	—	—	—	A. R. du 3 fév. 1870. — Cède à *Société des Produits* : 20 h. 41 66 c. en échange de : 7 h. 66 a. 56
												24 mai 1848.	1,182	»	»	0 25	2 p. c.	
												3 avril 1868.	93	»	50	0 25	2 p. c.	
				16 nov. 1868.	1,350	»	»	—	—	—		16 nov. 1868.	161	»	»	0 25	2 p. c.	Réunit à sa concession celle *Haut-Flénu.*
2	Carabinier Français, Société anon.)	Société du Carabinier	Houille.	—	—	—	—	2 niv. an XIV.	199	64	79	—	—	—	—	—	—	A R. du 9 août 1854. — Cession 10 h. 89 a., à la *Société du Bo bier.*
3	Carnières.	Société de Carnières.	Houille.	23 mars 1844.	386	»	»	—	—	—	—	29 juin 1844.	76	24	21	0 50	1 1/2 p. c.	
												10 janv. 1862.	15	»	»	0 50	3 p. c.	Réuni à la concession de *Mariemo l'Olive-et-Chaud-Buisson*, so cette dénomination.
2	Cayelette-Hermite-et-Grosse-Fosse	Société de Cayelette-Hermite-et-Grosse-Fosse.	Houille.	11 oct. 1845.	339	»	»	—	—	—	—	—	—		—	—	—	A. R. du 20 fév. 1855. — Réuni à concession de *Bois d'Heigne*, sou la dénomination de *Cayelett Hermite-et-Grosse-Fosse-et Bois-d'Heigne.*
2	Cayelette-Hermite-et-Grosse-Fosse-et-Bois-d'Heigne.	Ste de la Vallée-du-Piéton.	Houille.	20 fév. 1855.	567	»	»	—	—	—	—	—	—	—	—	—	—	Formée de la réunion des conce sions de *Cayelette-Hermite-et Grosse-Fosse* et de *Bois-d'Heign*
												11 janv. 1856.	2	40	»	0 50	1 p. c.	A. R. des 19 nov. 1855 et 16 ao 1873. — Embts vers le chemin fer de l'Etat. Appartient à la *Société du Centre de-Jumet.*

	DÉNOMINATION des CONCESSIONS.	DÉSIGNATION des CONCESSIONNAIRES PRIMITIFS.	NATURE.	MAINTENUE.				CONCESSION.				EXTENSION DE CONCESSION.				REDEVANCES en faveur des Propriétaires du sol.		Observations.
				DATES DES ARRÊTÉS.	ÉTENDUE. H.	A.	C.	DATES DES ARRÊTÉS.	ÉTENDUE. H.	A.	C.	DATES DES ARRÊTÉS.	ÉTENDUE. H.	A.	C.	Fixes par hectare.	Proportionnelle.	
	Centre-du-Flénu, ou Vingt-Actions	Société du Centre-du-Flénu.	Houille.	5 avril 1854.	1,126	»	»	—	—	—	—	—	—	—	—	—	—	Cette Société a cédé, à forfait, son exploitation à celle de *Bonnet-et-Veine-à-Mouches*.
5	Champ-d'Oiseaux	Ste du Champ-d'Oiseaux . .	Houille.	—	—	—	—	25 janv. 1841.	71	81	8	—	—	—	—	1 50	2 p. c.	A. R. du 12 août 1865. — Réuni à la concession des *Grands-Makets*, sous cette dénomination.
4	Champion	A. Laloux	Fer.	—	—	—	—	30 déc. 1828.	234	»	»	—	—	—	—	0 10	—	
3	Charleroi (Charb. du Nord de) (Société anon.) . . .	Société anon. des charb. du Nord de Charleroi . . .	Houille.	29 avril 1855.	443	22	»	29 avril 1855	474	78	»	—	—	—	—	0 50	2 p. c.	Formée de la réunion des concessions de *Sart-lez-Moulin*, de *Miaucour-Gripelotte*, de *Trieu-de-la-Motte*, plus 34 h. 50 a. de *Trieu-des-Agneaux*, et 30 h. de *Monceau-Fontaine*.
								Réduite 13 janv. 1860.	474	1	70	—	—	—	—	0 50	2 p. c.	A. R. du 13 janv. 1860. — Cède à la *Société de Bascoup* : 14 h. 7 a. 90 c. en échange de : 11 h. 18 a. 70 c. A. R. du 13 janv. 1860. — Cède à la *Société de Courcelles* : 10 h. 71 a. 30 c. en échange de : 12 h. 84 a. 20 c.
2	Charleroi (Charb. réun. de) (Société anon.)	Société anon. des charbon. réun. de Charleroi. . .	Houille.	12 mai 1858.	717	»	»	—	—	—	—	—	—	—	—	—	—	Formée de la réunion des concessions de *Lodelinsart*, *Sacré-Français*, *Bois-des-Hamendes*, *Mambourg-Bawette*, *Belle-Vue*, *Sablonnière*, et une partie de *Serre-Magrawe*.
				25 avril 1870.	102	53	50	—	—	—	—	—	—	—	—	—	—	A. R. du 15 avril 1861. — Embt vers le chemin de fer de l'Est-Belge. A. R. du 10 nov. 1862. — Cède à la *Société du Poirier* : 4 h. 80 a. A. R. du 15 oct 1864. — Cède à la *Société de Sacré-Madame* : 11 h. 18 a. A. R. du 25 avril 1870. — Cède à la *Société du Grand-Mambourg-Sablonnière-Liége* : 34 a.
7	Château-du-Sart.	Dme de Woot de Trixhe et Crts	Houille.	2 juin 1830.	93	14	»	—	—	—	—	—	—	—	—	0 30	—	Redevance établie en faveur des propriétaires avec lesquels n'exis-

Nos des arrondissements.	DÉNOMINATION des CONCESSIONS.	DÉSIGNATION des CONCESSIONNAIRES PRIMITIFS.	NATURE.	MAINTENUE.				CONCESSION.				EXTENSION DE CONCESSION.				REDEVANCES en faveur des Propriétaires du sol.		Observations.
				DATES DES ARRÊTÉS.	ÉTENDUE. H.	A.	C.	DATES DES ARRÊTÉS.	ÉTENDUE. H.	A.	C.	DATES DES ARRÊTÉS.	ÉTENDUE. H.	A.	C.	Fixes par hectare.	Proportionnelle.	
																		taient pas de conventions anté rieures.
3	Chaud-Buisson	Hardempont, Tiberghien, Warocqué, Duvivier . .	Houille.									21 juill. 1846,	80	21	»	0 50	1 p. c.	
				—	—	—	—	19 niv. an XIII	400	»	»	—	--	—	—	—	—	A. R. du 25 mai 1830. — Réuni au concessions de *Mariemont* et d *l'Olive*, sous la dénomination d *Mariemont-l'Olive-et-Chau* *Buisson.*
4	Chaudin	Société de Chaudin . . .	Houille.	—	—	—	—	30 sept. 1829.	61	80	»	—	—	—	—	0 14	—	
												25 nov. 1837.	73	20	»	0 25	1 p. c.	Partie cédée par la *Société de Bien aufois.*
2	Chauw-à-Roc	Société de Chauw-à-Roc .	Houille.	17 avril 1850.	34	»	»	—	—	—	—	—	—	—	—	—	—	A. R. du 30 mai 1851. — Réuni à l concession de *Bayemont*, sou cette dénomination.
												20 déc. 1850.	1	68	»	0 50	2 p. c.	Appartient à la *Société anonyme d* *Monceau-sur-Sambre.*
7	Chéneux-Wahairon. . . .	Lefebvre-Meuret	Houille.	—	—	—	—	24 oct. 1842.	303	16	21	—	—	—	—	0 50	1 p c	
6	Chératte	Société de Chératte . . .	Houille.	21 fév, 1848.	483	»	»	—	—	—	—	—	—	—	—	0 25	1 p. c.	Redevances établies pour des cou ches comprises dans le mêm périmètre, mais accordées e concession.
				21 mai 1872.	500	97	»	—	—	—	—	—	—	—	—	0 25	1 p. c	Redevances établies pour des cou ches comprises dans le même pé rimètre, mais accordées en con cession. A. R. du 21 mai 1872. — Réunit sa concession, celles de *Housse* (247 h. 37 a.) et de *Bouhouille* (253 h. 60 a.) Appartient à la *Société anonyme de* *Chératte, Housse et Bouhouille* *réunis.*
5	Chertal.	Société de Chertal. . . .	Houille.	—	—	—	—	11 fév. 1847.	350	»	»	—	—	—	—	0 25	1 p. c.	
1	Chevalières-de-Dour, (Société anon.)	F. Carion-Delmotte . . .	Houille.	11 avril 1843.	58	»	»	11 avril 1843.	652	»	»	—	—	—	—	0 50	1 p. c.	Formé de la réunion des concessions du *Midi-de-Dour* et de la *Grande-Chevalière.* A. R. des 14 janv. 1848 et 9 nov. 1860. — Embte vers le chemin de fer de Saint-Ghislain.
1	Ciply	Toussaint-Cousin et Cies .	Houille.	—	—	—	—	18 mars 1859	285	»	»	—	—	—	—	0 50	2 p. c.	Appartient à la *Société anonyme des charbonnages du Midi de Mons.*

DÉNOMINATION des CONCESSIONS.	DÉSIGNATION des CONCESSIONNAIRES PRIMITIFS.	NATURE.	MAINTENUE.				CONCESSION.				EXTENSION DE CONCESSION.				REDEVANCES en faveur des Propriétaires du sol.		Observations.
			DATES DES ARRÊTÉS.	ÉTENDUE. H.	A.	C.	DATES DES ARRÊTÉS.	ÉTENDUE. H.	A.	C.	DATES DES ARRÊTÉS.	ÉTENDUE. H.	A.	C.	Fixes par hectare.	Proportionnelle.	
Centre-du-Flénu, ou Vingt-Actions	Société du Centre-du-Flénu.	Houille.	5 avril 1854.	1,126	»	»	—	—	—	—	—	—	—	—	—	—	Cette Société a cédé, à forfait, son exploitation à celle de *Bonnet-et-Veine-à-Mouches*.
Champ-d'Oiseaux	S^té du Champ-d'Oiseaux . .	Houille.	—	—	—	—	25 janv. 1841.	71	81	8	—	—	—	—	1 50	2 p. c.	A. R. du 12 août 1865. — Réuni à la concession des *Grands-Makets*, sous cette dénomination.
Champion	A. Laloux	Fer.	—	—	—	—	30 déc. 1828.	234	»	»	—	—	—	—	0 10	—	
Charleroi (Charb. du Nord de) (Société anon.)	Société anon. des charb. du Nord de Charleroi . . .	Houille.	29 avril 1855.	443	22	»	29 avril 1855	474	70	»	—				2 50	2 p. c.	Formée de la réunion des concessions de *Sart-lez-Moulin*, de *Miaucour-Gripelotte*, de *Trieu-de-la-Motte*, plus 34 h. 50 a. de *Trieu-des-Agneaux*, et 30 h. de *Monceau-Fontaine*.
							Réduite 13 janv. 1860.	474	1	70	—	—	—	—	0 50	2 p. c.	A. R. du 13 janv. 1860. — Cède à la *Société de Bascoup* : 14 h. 7 a. 90 c. en échange de : 11 h. 18 a. 70 c. A. R. du 13 janv. 1860. — Cède à la *Société de Courcelles* : 10 h. 71 a. 30 c. en échange de : 12 h. 84 a. 20 c.
2 Charleroi (Charb. réun. de) (Société anon.)	Société anon. des charbon. réun. de Charleroi. . .	Houille.	12 mai 1858.	717	»	»	—	—	—	—	—	—	—	—	—	—	Formée de la réunion des concessions de *Lodelinsart*, *Sacré-Français*, *Bois-des-Hamendes*, *Mambourg-Bawette*, *Belle-Vue*, *Sablonnière*, et une partie de *Serre-Magrawe*.
			25 avril 1870.	102	53	50	—	—	—	—	—	—	—	—	—	—	A. R. du 15 avril 1861. — Emb^t vers le chemin de fer de l'Est-Belge. A. R. du 10 nov. 1862. — Cède à la *Société du Poirier* : 4 h. 80 a. A. R. du 15 oct 1864. — Cède à la *Société de Sacré-Madame* : 11 h. 18 a. A. R. du 25 avril 1870. — Cède à la *Société du Grand-Mambourg-Sablonnière-Liége* : 34 a.
7 Château-du-Sart.	D^me de Woot de Trixhe et C^rts	Houille.	2 juin 1830.	93	14	»	—	—	—	—	—	—	—	—	0 30	—	Redevance établie en faveur des propriétaires avec lesquels n'exis-

Nos des arrondissements.	DÉNOMINATION des CONCESSIONS.	DÉSIGNATION des CONCESSIONNAIRES PRIMITIFS.	NATURE.	MAINTENUE.				CONCESSION.				EXTENSION DE CONCESSION.				REDEVANCES en faveur des Propriétaires du sol.		Observations.
				DATES DES ARRÊTÉS.	ÉTENDUE. H.	A.	C.	DATES DES ARRÊTÉS.	ÉTENDUE. H.	A.	C.	DATES DES ARRÊTÉS.	ÉTENDUE. H.	A.	C.	Fixes par hectare.	Proportionnelle.	
																		taient pas de conventions anté rieures.
												21 juill. 1846,	80	21	»	0 50	1 p. c.	
3	Chaud-Buisson	Hardempont, Tiberghien, Warocqué, Duvivier . .	Houille.	—	—	—	—	19 niv. an XIII	400	»	»	—	—	—	—	—	—	A. R. du 25 mai 1830. — Réuni au concessions de *Mariemont* et d *l'Olive*, sous la dénomination d *Mariemont - l'Olive - et - Chaud Buisson*.
4	Chaudin	Société de Chaudin . . .	Houille.	—	—	—	—	30 sept. 1829.	61	80	»	—	—	—	—	0 14	—	
												25 nov. 1837.	73	20	»	0 25	1 p. c.	Partie cédée par la *Société de Bien aufois*.
2	Chauw-à-Roc	Société de Chauw-à-Roc .	Houille.	17 avril 1850.	34	»	»	—	—	—	—	—	—	—	—	—	—	A. R. du 30 mai 1851. — Réuni à l concession de *Bayemont*, sou cette dénomination.
												20 déc. 1850.	1	68	»	0 50	2 p. c.	Appartient à la *Société anonyme d Monceau-sur-Sambre*.
7	Chéneux-Wahairon. . . .	Lefebvre-Meuret	Houille.	—	—	—	—	24 oct. 1842.	303	16	21	—	—	—	—	0 50	1 p c	
6	Chératte	Société de Chératte . . .	Houille.	21 fév, 1848.	483	»	»	—	—	—	—	—	—	—	—	0 25	1 p. c.	Redevances établies pour des cou ches comprises dans le même périmètre, mais accordées e concession.
				21 mai 1872.	500	97	»	—	—	—	—	—	—	—	—	0 25	1 p. c	Redevances établies pour des cou ches comprises dans le même pé rimètre, mais accordées en con cession. A. R. du 21 mai 1872. — Réunit sa concession, celles de *Houss* (247 h. 37 a.) et de *Bouhouille* (253 h. 60 a.) Appartient à la *Société anonyme de Chératte, Housse et Bouhouille réunis*.
5	Chertal.	Société de Chertal. . . .	Houille.	—	—	—	—	11 fév. 1847.	350	»	»	—	—	—	—	0 25	1 p. c.	
1	Chevalières-de-Dour, (Société anon.)	F. Carion-Delmotte . . .	Houille.	11 avril 1843.	58	»	»	11 avril 1843.	652	»	»	—	—	—	—	0 50	1 p. c.	Formé de la réunion des concessions du *Midi-de-Dour* et de la *Grande-Chevalière*. A. R. des 14 janv. 1848 et 9 nov. 1860. — Embts vers le chemin de fer de Saint-Ghislain.
1	Ciply	Toussaint-Cousin et Cies.	Houille.	—	—	—	—	18 mars 1859	285	»	»	—	—	—	—	0 50	2 p. c.	Appartient à la *Société anonyme des charbonnages du Midi de Mons*.

DÉNOMINATION des CONCESSIONS.	DÉSIGNATION des CONCESSIONNAIRES PRIMITIFS.	NATURE.	MAINTENUE.				CONCESSION.				EXTENSION DE CONCESSION.				REDEVANCES en faveur des Propriétaires du sol.			Observations.
			DATES DES ARRÊTÉS.	ÉTENDUE. H.	A.	C.	DATES DES ARRÊTÉS.	ÉTENDUE. H.	A.	C.	DATES DES ARRÊTÉS.	ÉTENDUE. H.	A.	C.	Fixes	Par hectare.	Proportionnelle.	
Clavier.	G. de Trousset et Cies.	Houille.	—	—	—	—	26 juill. 1828.	104	22	»	—	—	—	—	0	20	—	
Combles-de-Noël-au-Bois-de-Lobbes.	Société de Noël-au-Bois-de-Lobbes	Houille.	4 août 1849.	68	»	»	—	—	—	—	—	—	—	—	—	—	—	
Corbeau-Tapeu.	Pce de Capoue	Plomb, zinc.	—	—	—	—	25 mars 1858.	45	»	»	—	—	—	—	0	25	1 p. c.	
Corphalie (Société anon.).	Société de Corphalie	Calamine, fer, plomb, blende, zinc, pyrite.	—	—	—	—	7 juin 1829.	194	»	»	—	—	—	—	0	50	—	A. R. du 7 sept. 1851. — Embt vers le chem. de fer de Namur à Liége.
											29 sept. 1848.	»	»	»	0	25	1 p. c.	Redevances établies pour les mines de blende et de zinc, comprises dans sa concession.
											16 fév. 1851.	»	»	»	0	25	1 p. c.	Redevances établies pour les mines de pyrite de fer, comprises dans sa concession.
Cossette	Société de la Cossette.	Houille.	1er juill. 1828.	325	45	»	—	—	—	—	—	—	—	—	—	—	—	Appartient à la *Société anon. de la Cossette-et-du-Couchant-du-Flénu*
Coune-et-Colladios.	Sté de Coune-et-Colladios.	Houille.	—	—	—	—	19 mars 1841.	190	66	50	—	—	—	—	1	50	1 1/2 p. c.	A. R. des 6 mai 1842, 3 oct. 1847 et 25 juin 1852. — Embts vers la route de Jemeppe à Diérain-Patar et vers la Meuse.
																		A. R. du 26 déc. 1865. — Réuni à la concession de *Valentin-Coq*, sous la dénomination de *Valentin-Coq-et-Colladios*.
																		Appartient à la *Société anonyme de la Vieille-Montagne*.
Courcelles.	P. F. J. Huart et Cies.	Houille.	—	—	—	—	26 juill. 1828.	132	86	88	—	—	—	—	0	10	—	A. R. du 17 mars 1847. — Réunit à sa concession celle de *Benne-sans-Fosse* (70 h.) et 43 h. 82 a. 88 c. de celle de *Bascoup*.
			17 mars 1847.	70	»	»	17 mars 1847.	43	82	88	—	—	—	—	—	—	—	A. R. du 13 janv. 1860. — La *Société des charb. du Nord de Charleroi* cède : 11 h. 18 a. 70 c. de la concession de *Bascoup* et : 10 h. 71 a. 31 c. de celle de *Sart-lez-Moulin*, en échange de : 12 h. 84 a. 20 c. de celle de *Benne-sans-Fosse*.
																		A. R. du 13 janv. 1860. — La *Société des charbon. du Nord-de-Charleroi* cède : 5 h. 46 a. de la concession de *Trieu-de-la-Motte*.
																		A. R. du 15 avril 1861. — Embt vers le canal de Charleroi à Bruxelles.
7 Couthuin	J. Cockerill et Cies.	Houille.	—	—	—	—	21 sept. 1829.	1,068	53	»	—	—	—	—	0	50	—	Appartient à la *Société anonyme de Sclessin*.

Nos des arrondissements.	DÉNOMINATION des CONCESSIONS.	DÉSIGNATION des CONCESSIONNAIRES PRIMITIFS.	NATURE.	MAINTENUE.				CONCESSION.				EXTENSION DE CONCESSION.				REDEVANCES en faveur des Propriétaires du sol.		Observations.
				DATES DES ARRÊTÉS.	ÉTENDUE. H.	A.	C.	DATES DES ARRÊTÉS.	ÉTENDUE. H.	A.	C.	DATES DES ARRÊTÉS.	ÉTENDUE. H.	A.	C.	Fixes par hectare.	Proportionnelle.	
7	Couthuin	D. de Melotte, d'Envoz et Cries	Fer, pyrite, plomb, zinc.	—	—	—	—	1er sept. 1830.	619	21	»	—	—	—	—	0 50	—	Appartient à la *Société anony de Sclessin.*
												24 avril 1857.	365	»	»	0 25	3 p. c	
												10 sept. 1866.	219	45	»	0 50	3 p. c.	Périmètre compris dans celui de concession houillère de *Couthu*
5	Cowa	Société de Cowa	Houille.	—	—	—	—	1er fév. 1859	141	»	»	—	—	—	—	0 25	1 p. c.	
6	Cowette-Rufin	Société de Cowette-Rufin.	Houille.	—	—	—	—	30 juill. 1849.	125	»	»	—	—	—	—	0 25	1 1/2 p. c.	
6	Crahay.	Société de Crahay. . . .	Houille.	5 fév. 1828.	213	12	»	—	—	—	—	—	—	—	—	0 40	—	Redevances établie pour les terrai à l'égard desquels il n'existe p de convention antérieure.
												23 juill. 1839.	27	»	»	0 25	1 1/2 p. c.	
												14 mai 1846.	48	41	»	0 25	1 1/2 p. c.	
												1er août 1868.	112	85	»	2 00	2 p. c	
4	Daussois	Vte Desmanet de Biesme .	Fer.	—	—	—	—	24 fév. 1829.	195	»	»	—	—	—	—	0 06	—	
4	Daussois, Vogenée, Silenrieux	L. de Robaulx de Saunoy.	Fer.	—	—	—	—	24 fév. 1829.	131	»	»	—	—	—	—	0 05	—	
4	Deminche.	Bon de Gaiffier et Cries. . .	Houille.	—	—	—	—	24 nov. 1825.	29	»	»	—	—	—	—	0 10	—	
												29 janv. 1828.	185	29	84	0 10	—	
6	Dickenbusch.	Bon de la Rousselière . .	Plomb, pyrite, zinc, blende.	—	—	—	—	17 janv. 1867.	143	»	»	—	—	—	—	1 00	3 p. c.	
												6 août 1871.	»	»	»	1 00	3 p. c.	Redevances établies pour les min de plomb, blende et pyrite co tenues, à toute profondeur, da sa concession.
2	Dix-Huit-Bonniers-de-Soleilmont.	Ste des Dix-Huit-Bonniers-de-Soleilmont	Houille.	—	—	—	—	5 fév. 1842.	39	33	»	—	—	—	—	0 25	1 p. c.	
4	Dourbes	T. Carlier-Dautrebande . .	Plomb.	—	—	—	—	27 avril 1850.	426	»	»	—	—	—	—	0 25	2 p. c.	
8	Durbuy	Société du Luxembourg. .	Plomb, fer, cuivre, pyrite.	—	—	—	—	15 oct. 1828.	9,654	»	»	—	—	—	—	0 10	—	
												23 juin 1862.	2,287	»	»	0 25	1 p. c.	
5	Engis.	Société d'Engis.	Houille.	—	—	—	—	19 août 1846.	378	92	18	—	—	—	—	0 50	1 p. c.	Ce périmètre est celui de la conces sion métallique d'*Engis*, dont c a distrait : 3 h. 57 a. 25 c. apparte nant à celui de la concession d *Burton*, et : 19 h. 38 a. 70 c. ap partenant à celui de la concessio de *Bon-Espoir*. Appartient à la *Société anonyme d la Nouvelle-Montagne.*
5	Engis	Pce d'Aremberg et Cries . .	Calamine, blende, plomb, pyrite	—	—	—	—	19 mai 1830.	401	88	13	—	—	—	—	0 90	—	Appartient à la *Société anonyme d la Nouvelle-Montagne.*
												15 sept. 1851.	»	»	»	0 25	1 p. c.	Redevances établies pour les mine de blende et de pyrite contenue dans la concession.
7	Envoz	de Mélotte, de Potesta et Cries	Houille.	—	—	—	—	4 nov. 1855.	460	»	»	—	—	—	—	0 25	1 p. c.	
1	Escouffiaux	. . . .	Houille.	—	—	—	—	Surf. attrib.	241	»	»	—	—	—	—	—	—	Appartient à la *Société anonyme de Charbonnages Belges.*

DÉNOMINATION des CONCESSIONS.	DÉSIGNATION des CONCESSIONNAIRES PRIMITIFS.	NATURE.	MAINTENUE.				CONCESSION.				EXTENSION DE CONCESSION.				REDEVANCES en faveur des Propriétaires du sol.		Observations.
			DATES DES ARRÊTÉS.	ÉTENDUE. H.	A.	C.	DATES DES ARRÊTÉS.	ÉTENDUE. H.	A.	C.	DATES DES ARRÊTÉS.	ÉTENDUE. H.	A.	C.	Fixes par hectare.	Proportionnelle.	
Espérance, à Baudour. . .	Société de l'Espérance . .	Houille.	19 juin 1843.	3.576	»	»	—	—	—	—	—	—	—	—	0 50	1 p. c.	A. R. des 21 fév. 1847 et 10 août 1851. — Emb^ts vers le chemin de fer de Saint-Ghislain. Redevances établies pour les couches comprises dans le même périmètre, mais accordées en concession.
Espérance, à Herstal . . .	Société de l'Espérance . .	Houille.	—	—	—	—	3 fév. 1828.	283	29	»	—				1 50	—	Appartient, en partie, à la *Société anonyme de Sclessin.*
											25 août 1840.	50	»	»	0 85	1 p. c.	
Espérance, à Seraing (Société anonyme)	Société de l'Espérance . .	Houille.	—	—	—	—	7 août 1827.	219	33	»	—	—	—	—	0 80	—	
											8 fév. 1851.	1	60	»	2 00	3 p. c.	
											19 nov. 1864.	53	67	»	1 00	1 p. c.	
Espérance, à Wanze . . .	Société de l'Espérance . .	Houille.	—	—	—	—	4 nov. 1855.	422	»	»	—	—	—	—	0 25	1 p. c.	
Eugies	Société des Couteaux . .	Houille.	—	—	—	—	24 sept. 1863	225	»	»	—	—	—	—	0 25	1 p. c.	A. R. du 10 sept. 1866. — Emb^t vers le chemin de fer de la *Société anonyme des Charbonnages Belges* et *voie pavée* vers la route de Mons à Eugies.
Falisolle	A. de Pierpont, C. Bourgeois, J. Delfosse, J. Hambursin.	Houille.	—	—	—	—	7 nov. 1823.	359	»	»	—	—	—	—	0 16	—	
											3 juin 1839.	33	14	3	0 25	2 p. c.	
Falnuée	Theys, Lejuste et Cie . .	Houille.	—	—	—	—	11 janv. 1808.	400	»	»	—	—	—	—	—	—	
											11 janv. 1856.	135	»	»	—	—	Réunit à sa concession celle de *Wartonlieux* (135 h.)
Fayt-et-Bois-d'Haine . . .	S^té de Fayt-et-Bois-d'Haine	Houille.	—	—	—	—	22 août 1863.	659	»	»	—	—	—	—	0 50	1 p. c.	
Fiestaux (Société anonyme).	J. J. Scohier-Lotin . . .	Houille.	—	—	—	—	21 juill. 1827.	195	»	»	—	—	—	—	0 10	—	
											30 nov. 1844.	96	»	»	0 50	1 p. c.	
Flawinne	J. J. Hambursin et Cie. .	Houille.	—	—	—	—	19 mars 1810.	185	74	»	—	—	—	—	—	—	
											18 déc. 1820.	31	26	»	0 10	—	
Flône	J. Paquô	Houille.	—	—	—	—	31 juill. 1841.	219	81	49	—	—	—	—	0 50	1 p. c.	Appartient à la *Société anonyme de la Vieille-Montagne.*
											23 nov. 1848.	208	34	»	0 25	1 p. c.	
Flône	J. Paquô	Alun.	—	—	—	—	11 pluv. an IV.	34	»	»	—	—	—	—	—	—	
Flône	J. Paquô	Fer, plomb, pyrite, zinc, calamine.	—	—	—	—	7 déc. 1829.	232	19	52	—	—	—	—	0 50	—	Appartient à la *Société anonyme de la Vieille-Montagne.*
											19 déc. 1850.	37	51	»	0 25	1 p. c.	
Floreffe	Adm^on du Temporel du séminaire épiscopal de Namur.	Houille.	—	—	—	—	2 nov. 1827.	213	»	»	—	—	—	—	0 20	—	
											30 sept. 1844.	93	43	34	0 25	1 p. c.	
Florenne	Duchesse Ern. de Beaufort.	Fer.	—	—	—	—	20 mars 1827.	450	»	»	—	—	—	—	0 04	—	
Floriffoux	D^me de Coppin et Cie . .	Houille.	—	—	—	—	23 avril 1822.	398	»	»	—	—	—	—	0 20	—	
											30 sept. 1844.	128	68	26	0 30	3 p. c.	

Nos des arrondissements.	DÉNOMINATION des CONCESSIONS.	DÉSIGNATION des CONCESSIONNAIRES PRIMITIFS.	NATURE.	MAINTENUE. Dates des arrêtés.	MAINTENUE. Étendue. H.	A.	C.	CONCESSION. Dates des arrêtés.	CONCESSION. Étendue. H.	A.	C.	EXTENSION DE CONCESSION. Dates des arrêtés.	EXTENSION. Étendue. H.	A.	C.	REDEVANCES en faveur des Propriétaires du sol. Fixes par hectare.	Proportionnelle.	Observations.
6	Fond-des-Fawes	Société des Fond-des-Fawes	Houille.	—	—	—	—	16 août 1846.	70	»	»	—	—	—	—	0 25	1 1/4 p. c.	Appartient à la *Société anonyme* *charbonnages de Wérister*.
2	Fontenelle	Société de Fontenelle.	Houille.	—	—	—	—	29 juill. 1841.	115	50	25	—	—	—	—	0 50	2 p. c.	A. R. du 10 avril 1863.— Réuni concessions du *Bois-du-Roi* d'*Appaumée-et-Ransart*, s cette dernière dénomination.
2	Forte-Taille	Cossé, Pouillon et Dorbé.	Houille.	—	—	—	—	14 mars 1808.	342	65	»	—	—	—	—	—	—	
6	Foxhalle	Bon de Villenfagne et Cts.	Houille.	—	—	—	—	18 oct. 1827.	163	26	»	6 nov. 1827.	226	35	»	0 10	—	
												—	—	—	—	0 24	—	
												29 janv. 1844.	26	40	»	1 »	3 p. c.	
												16 août 1846.	11	32	20	0 25	1 1/4 p. c.	
4	Franière	Dejaifve	Houille.	—	—	—	—	26 juin 1813.	99	»	»	—	—	—	—	0 10	—	
5	Gély-Abbesses et Hayes-Pizard	Société de Gély-Abbesses et Hayes-Pizard.	Houille.	—	—	—	—	11 août 1841.	62	36	29	—	—	—	—	1 00	1 p. c.	
1	Genly	Société de Genly	Houille.	—	—	—	—	24 sept. 1863.	180	»	»	—	—	—	—	0 25	1 p. c.	
2	Gerpinnes	F. de Cartier et Cts	Fer.	—	—	—	—	23 déc. 1828.	2,356	»	»	—	—	—	—	0 10	—	
4	Ghlin	Ste anon. du Nord-du-Flénu	Houille.	—	—	—	—	19 avril 1869.	2,309	»	»	—	—	—	—	0 50	1 1/2 p. c.	A. R. du 28 juin 1874.—Embt v le chemin de fer de l'Etat.
2	Gilly (centre de)	Société des Ardinoises.	Houille.	9 déc. 1857.	185	»	»	—	—	—	—	—	—	—	—	—	—	Formée de la réunion des conce sions des *Ardinoises* et des *Se* *Actions*. Appartient à la *Société anonyme* *Houillères unies du Bassin* *Charleroi*.
5	Gorée	Sociétés de Gorée et Bonne-Aventure réunies.	Houille.	—	—	—	—	21 déc. 1857.	411	»	»	—	—	—	—	0 25	1 p. c.	A. R. du 25 janv. 1861. — Réuni à concession de *Bicquet*, sous la d nomination de *Bicquet-et-Gore*
5	Gosson-Lagasse	Société de Gosson-Lagasse.	Houille.	20 août 1824.	83	20	»	—	—	—	—	—	—	—	—	—	—	A. R. du 20 nov. 1840.—Cession de 16 h. 72 a. 69 c, à la *Société* *Bonnier*.
2	Gouffre	Société du Gouffre.	Houille.	—	—	—	—	23 avril 1807.	760	»	»	6 fév. 1830.	247	52	80	1 00	—	
												—	—	—	—	—	—	A. R. du 9 août 1854. — Cession 1 h. à la *Société de Trieu-Kaisi* Appartient à la *Société anonyme d* *charbonnages du Nord-de-Châtelineau*.
2	Grand-Bordia, Bois-de-Presles et Trieu-des-Agneaux (Société anonyme)	Société du Bois-de-Presles.	Houille.	25 juin 1830.	397	45	»	—	—	—	—	—	—	—	—	—	—	
												5 juill. 1849.	24	5	»	» 50	2 p. c.	
												29 avril 1855.	33	6	»	» 50	2 p. c.	Réunit à sa concession : 29 h. 6 de la concession du *Trieu-des-Agneaux*, et 4 h. de celle *Miaucour-Gripelotte*.

DÉNOMINATION des CONCESSIONS.	DÉSIGNATION des CONCESSIONNAIRES PRIMITIFS.	NATURE.	MAINTENUE.				CONCESSION.				EXTENSION DE CONCESSION.				REDEVANCES en faveur des Propriétaires du sol.			Observations.
			DATES DES ARRÊTÉS.	ÉTENDUE. H.	A.	C.	DATES DES ARRÊTÉS.	ÉTENDUE. H.	A.	C.	DATES DES ARRÊTÉS.	ÉTENDUE. H.	A.	C.	Fixes	Par hectare.	Proportionnelle.	
Grand-Bouillon.	Société du Grand-Bouillon.	Houille.	—	—	—	—	11 avril 1810.	200	»	»	—	—	—	—	—	—	—	Appartient à la *Société anonyme des charbonnages de Pâturages et de Wasmes.*
Grand-Bouillon et Chevalières-du-Bois-de-Saint-Ghislain (Société anonyme)	Petit, Havigne et Cr[ts]. . .	Houille.	23 germ. an IX	150	»	»	—	—	—	—	—	—	—	—	—	—	—	
Grand-Conty-Spinois . . .	Société du Grand-Conty-Spinois	Houille.	—	—	—	—	28 mars 1868.	867	»	»	—	—	—	—	0	50	1 p. c.	
Grande-Bacnure	S[té] de la Grande-Bacnure .	Houille.	—	—	—	—	1er mai 1836.	275	00	»	—	—	—	—	0	60	—	
											15 juill. 1862.	25	67	»	1	00	1 p. c.	
Grande-Chevalière	F. J. Carion-Delmotte . .	Houille.	11 avril 1843.	58	»	»	—	—	—	—	—	—	—	—	—	—	—	A. R. du 11 avril 1843. — Réuni à la concession du *Midi de Dour,* sous la dénomination de *Chevalières-de-Dour.*
Grande-Machine-à-Feu-de-Dour (Société anonyme.).	Bon F. de Mecklembourg. .	Houille.	13 avril 1842.	271	»	»	—	—	—	—	—	—	—	—	—	—	—	
Grand' Fontaine.	Société de Grand' Fontaine.	Houille.	—	—	—	—	14 août 1846.	138	»	»	—	—	—	—	0	25	1 1/4 p. c.	
Grand-Hainin	A. Moreau et A. Mahieu .	Houille.	—	—	—	—	16 août 1827.	207	»	»	—	—	—	—	0	10	—	Appartient à la *Société anonyme des Charbonnages unis de l'Ouest de Mons.*
Grand-Hornu	H. Degorge-Legrand. . .	Houille.	9 août 1827.	553	»	»	—	—	—	—	—	—	—	—	—	—	—	
											4 mars 1829.	343	»	»	0	10	—	
Grand-Mambourg-Sablonnière-Liége	S[té] du Grand-Mambourg-Sablonnière-Liége . . .	Houille.	15 mars 1848.	130	»	»	—	—	—	—	—	—	—	—	—	—	—	A. R. du 26 sept. 1850. — Cession de 72 a. 13 c. à la *Société de Trieu-Kaisin-Deux-Forêts-et-Combles.*
			25 avril 1870.	24	88	»	—	—	—	—	—	—	—	—	—	—	—	A. R. du 25 avril 1870. — Cession de 34 a. par la *Société anonyme des Charbon. réunis de Charleroi.* A. R. du 23 mai 1862. — Emb[t] vers le chemin de fer de l'Est-Belge.
Grands-Makets (S[té] anon.).	Société des Grands-Makets.	Houille.	—	—	—	—	24 déc. 1840.	111	65	»	—	—	—	—	2	00	2 p. c.	A. R. du 16 fév. 1848 et du 25 juin 1852. — Emb[ts] vers la Meuse et vers le chemin de fer de Namur à Liége.
											12 août 1865.	71	81	8	2	00	2 p. c.	Réunit, à sa concession, celle de *Champ-d'Oiseaux* (71 h. 81 a. 8 c.).
Grosse-et-Petite-Masse-et-Mal-et-Fichet.	Société de Grosse-et-Petite-Masse-et-Mal-et-Fichet .	Houille.	2 oct. 1845.	118	»	»	—	—	—	—	—	—	—	—	—	—	—	A. R. du 30 oct. 1858 — Réuni à la concession de *Saint-Antoine,* sous la dénomination de *Masse-et-Diarbois.*
											6 déc. 1845.	199	»	»	0	50	2 p. c.	

Nos des arrondissements.	DÉNOMINATION des CONCESSIONS.	DÉSIGNATION des CONCESSIONNAIRES PRIMITIFS.	NATURE.	MAINTENUE.				CONCESSION.				EXTENSION DE CONCESSION.				REDEVANCES en faveur des Propriétaires du sol.		Observations.
				DATES DES ARRÊTÉS.	ÉTENDUE. H.	A.	C.	DATES DES ARRÊTÉS.	ÉTENDUE. H.	A.	C.	DATES DES ARRÊTÉS.	ÉTENDUE. H.	A.	C.	Fixes par hectare.	Proportionnelle.	
4	Groyne	J. P. H. Henrotte, J. Malherbe, P. et A Verlaine et N. Malherbe.	Houille.	—	—	—	—	16 août 1827.	209	»	»	—	—	—	—	0 20	—	
3	Haine-Saint-Pierre-et-La-Hestre	Société de Haine-St-Pierre-et-La-Hestre	Houille.	27 oct. 1846.	675	»	»	—	—	—	—	—	—	—	—	—	—	A. R. des 30 août 1850 et 10 avril 1861. — Embts vers le canal de Charleroi à Bruxelles et vers le chemin de fer de l'Etat.
												30 janv. 1863.	25	»	»	0 50	1/2 p.c.	
7	Halbosart	Société d'Halbosart	Houille.	—	—	—	—	23 sept. 1846.	106	»	»	—	—	—	—	0 50	1 p. c.	
4	Ham-sur-Sambre	Société de Ham-sur-Sambre.	Houille.	—	—	—	—	9 mai 1819.	518	92	36	—	—	—	—	0 10	—	Appartient à la *Société anonyme des Houillères unies du Bassin de Charleroi*.
												17 sept. 1841.	8	7	64	0 25	2 p. c.	A. R. du 10 avril 1870. — Embts vers la Sambre et le chemin de fer de l'Etat.
4	Hanton	P. J. Hubeaux	Plomb, zinc.	—	—	—	—	15 janv. 1858.	34	»	»	—	—	—	—	0 25	1 p. c.	
6	Hasard	Société du Hasard	Houille.	—	—	—	—	4 juin 1846.	417	50	»	—	—	—	—	0 25	1 p. c.	A. R. des 22 oct. 1866 et 21 mars 1873 — Embts vers le chemin de fer de l'Etat.
												14 janv. 1853.	340	»	»	0 25	1 p. c.	
												29 avril 1865.	8	75	»	0 25	1 p. c.	
4	Haute-Bise	J. et P. Henrotte, J. et C. Mauguy et Cies	Houille.	—	—	—	—	16 août 1827.	238	»	»	—	—	—	—	0 10	—	
6	Haute-Saurée	Epoux Delezaack	Pyrite, zinc, plomb.	—	—	—	—	2 avril 1858.	36	»	»	—	—	—	—	0 25	1 p. c.	
												24 mars 1859.	»	»	»	0 25	1 p. c.	Redevances établies pour les mines de zinc et de plomb, contenues dans la concession.
												14 juill. 1866.	28	»	»	0 25	1 p. c.	
1	Haut-Flénu	Ste anon. du Haut-Flénu	Houille.	14 avril 1852.	1,279	»	»	—	—	—	—	—	—	—	—	—	—	
				25 juill. 1860.	161	»	»	—	—	—	—	—	—	—	—	—	—	Réunit à sa concession une partie de celle de la *Fosse-du-Bois* (*Bois*).— 161 h.
				28 mars 1868.	71	»	»	—	—	—	—	—	—	—	—	—	—	Cette maintenue a été accordée pour compléter le périmètre de celle accordée par A. R. du 14 avril 1852. A. R. du 19 nov. 1868. — Réuni à la concession de *Cache-Après*, sous la dénomination de : *Levant-du-Flénu*.
3	Hautrage	Ve Delahaye	Houille.	19 juin 1843.	1,384	»	»	—	—	—	—	—	—	—	—	—	—	
3	Havré, Obourg et St-Denis.	Société du Bois-du-Luc-et-Trivières	Houille.	29 juill. 1827.	3,182	71	»	—	—	—	—	—	—	—	—	—	—	
7	Hayes-Monet	Société anon. de Corphalie.	Calamine, plomb, pyrite.	—	—	—	—	12 fév. 1848.	172	»	»	—	—	—	—	0 25	3 p. c.	A. R. du 18 juill. 1852. — Embt vers le chemin de fer de Namur à Liége.

DÉNOMINATION des CONCESSIONS.	DÉSIGNATION des CONCESSIONNAIRES PRIMITIFS.	NATURE.	MAINTENUE. DATES DES ARRÊTÉS.	ÉTENDUE. H.	A.	C.	CONCESSION. DATES DES ARRÊTÉS.	ÉTENDUE. H.	A.	C.	EXTENSION DE CONCESSION. DATES DES ARRÊTÉS.	ÉTENDUE. H.	A.	C.	REDEVANCES en faveur des Propriétaires du sol. Fixes Par hectare.		Proportionnelle.	Observations.
Grand-Bouillon.	Société du Grand-Bouillon.	Houille.	—	—	—	—	11 avril 1810.	200	»	»	—	—	—	—	—	—	—	Appartient à la *Société anonyme des charbonnages de Pâturages et de Wasmes.*
Grand-Bouillon et Chevalières-du-Bois-de-Saint-Ghislain (Société anonyme) . .	Petit, Havigne et Cie. . .	Houille.	23 germ. an IX	150	»	»	—	—	—	—	—	—	—	—	—	—	—	
Grand-Conty-Spinois . . .	Société du Grand-Conty-Spinois	Houille.					28 mars 1868.	867	»	»	—	—	—	—	0	50	1 p. c.	
Grande-Bacnure	S[té] de la Grande-Bacnure .	Houille.	—	—	—	—	1er mai 1838.	275	80	»	—	—	—	—	0	00	—	
											15 juill. 1862.	25	67	»	1	00	1 p. c.	
Grande-Chevalière	F. J. Carion-Delmotte . .	Houille.	11 avril 1843.	58	»	»	—	—	—	—	—	—	—	—	—	—	—	A. R. du 11 avril 1843. — Réuni à la concession du *Midi-de-Dour*, sous la dénomination de *Chevalières-de-Dour.*
Grande-Machine-à-Feu-de-Dour (Société anonyme.).	Bon F. de Mecklembourg. .	Houille.	13 avril 1842.	271	»	»	14 août 1846.	138	»	»	—	—	—	—	0	25	1 1/4 p. c.	
Grand'Fontaine.	Société de Grand' Fontaine.	Houille.	—	—	—	—	16 août 1827.	267	»	»	—	—	—	—	0	10	—	Appartient à la *Société anonyme des Charbonnages unis de l'Ouest de Mons.*
Grand-Hainin	A. Moreau et A. Mahieu .	Houille.	—	—	—	—	—	—	—	—	—	—	—	—	—	—	—	
Grand-Hornu	H. Degorge-Legrand. . .	Houille.	9 août 1827.	553	»	»	—	—	—	—	4 mars 1829.	343	»	»	0	10	—	
Grand-Mambourg-Sablonnière-Liége	S[té] du Grand-Mambourg-Sablonnière-Liége . . .	Houille.	15 mars 1848.	130	»	»	—	—	—	—	—	—	—	—	—	—	—	A. R. du 26 sept. 1850. — Cession de 72 a. 13 c. à la *Société de Trieu-Kaisin-Deux-Forêts-et-Combles.*
			25 avril 1870.	24	88	»	—	—	—	—	—	—	—	—	—	—	—	A. R. du 25 avril 1870. — Cession de 34 a. par la *Société anonyme des Charbon. réunis de Charleroi.*
Grands-Makets (S[té] anon.) .	Société des Grands-Makets.	Houille.	—	—	—	—	24 déc. 1840.	111	65	»	—	—	—	—	2	00	2 p. c.	A. R. du 23 mai 1862. — Emb[t] vers le chemin de fer de l'Est-Belge. A. R. du 16 fév. 1848 et du 25 juin 1852. — Emb[ts] vers la Meuse et vers le chemin de fer de Namur à Liége.
											12 août 1865.	71	81	8	2	00	2 p. c.	Réunit, à sa concession, celle de *Champ-d'Oiseaux* (71 h. 81 a. 8 c.).
Grosse-et-Petite-Masse-et-Mal-et-Fichet.	Société de Grosse-et-Petite-Masse-et-Mal-et-Fichet .	Houille.	2 oct. 1845.	118	»	»	—	—	—	—	—	—	—	—	—	—	—	A. R. du 30 oct. 1858 — Réuni à la concession de *Saint-Antoine*, sous la dénomination de *Masse-et-Diarbois.*
											6 déc. 1845.	199	»	»	0	50	2 p. c.	

Nos des arrondissements.	DÉNOMINATION des CONCESSIONS.	DÉSIGNATION des CONCESSIONNAIRES PRIMITIFS.	NATURE.	MAINTENUE. DATES DES ARRÊTÉS.	MAINTENUE. ÉTENDUE. H.	A.	C.	CONCESSION. DATES DES ARRÊTÉS.	CONCESSION. ÉTENDUE. H.	A.	C.	EXTENSION DE CONCESSION. DATES DES ARRÊTÉS.	EXTENSION. ÉTENDUE. H.	A.	C.	REDEVANCES en faveur des propriétaires du sol. Fixes par hectare.	Proportionnelle.	Observations.
4	Groynne	J. P. H. Henrotte, J. Malherbe, P. et A Verlaine et N. Malherbe.	Houille.	—	—	—	—	16 août 1827.	209	»	»	—	—	—	—	0 20	—	
3	Haine-Saint-Pierre-et-La-Hestre	Société de Haine-St-Pierre-et-La-Hestre	Houille.	27 oct. 1846.	675	»	»	—	—	—	—	—	—	—	—	—	—	A. R. des 30 août 1850 et 10 avril 1861. — Embts vers le canal de Charleroi à Bruxelles et vers le chemin de fer de l'Etat.
												30 janv. 1863.	25	»	»	0 50	1/2 p.c.	
7	Halbosart.	Société d'Halbosart. . . .	Houille.	—	—	—	—	23 sept. 1846.	106	»	»	—	—	—	—	0 50	1 p. c.	
4	Ham-sur-Sambre	Société de Ham-sur-Sambre.	Houille.	—	—	—	—	9 mai 1819.	518	92	36	—	—	—	—	0 10	—	Appartient à la *Société anonyme des Houillères unies du Bassin de Charleroi.*
												17 sept. 1841.	8	7	64	0 25	2 p. c.	A. R. du 10 avril 1870. — Embts vers la Sambre et le chemin de fer de l'Etat.
4	Hanton.	P. J. Hubeaux	Plomb, zinc.	—	—	—	—	15 janv. 1858.	34	»	»	—	—	—	—	0 25	1 p. c.	
6	Hasard.	Société du Hasard . . .	Houille.	—	—	—	—	4 juin 1848.	417	50	»	—	—	—	—	0 25	1 p. c.	A. R. des 22 oct. 1866 et 21 mars 1873 — Embts vers le chemin de fer de l'Etat.
												14 janv. 1853.	340	»	»	0 25	1 p. c.	
												29 avril 1865.	8	75	»	0 25	1 p. c.	
4	Haute-Bise	J. et P. Henrotte, J. et C. Mauguy et Cies	Houille.	—	—	—	—	16 août 1827.	238	»	»	—	—	—	—	0 10	—	
6	Haute-Saurée	Epoux Delezaack	Pyrite, zinc, plomb.	—	—	—	—	2 avril 1858.	36	»	»	—	—	—	—	0 25	1 p. c.	
												24 mars 1859.	»	»	»	0 25	1 p. c.	Redevances établies pour les mines de zinc et de plomb, contenues dans la concession.
												14 juill. 1866.	28	»	»	0 25	1 p. c.	
1	Haut-Flénu	Sté anon. du Haut-Flénu .	Houille.	14 avril 1852.	1,279	»	»	—	—	—	—	—	—	—	—	—	—	
				25 juill. 1860.	161	»	»	—	—	—	—	—	—	—	—	—	—	Réunit à sa concession une partie de celle de la *Fosse-du-Bois (Bois).* — 161 h.
				28 mars 1868.	71	»	»	—	—	—	—	—	—	—	—	—	—	Cette maintenue a été accordée pour compléter le périmètre de celle accordée par A. R. du 14 avril 1852. A. R. du 19 nov. 1868. — Réuni à la concession de *Cache-Après*, sous la dénomination de : *Levant-du-Flénu.*
3	Hautrage	Ve Delahaye.	Houille.	19 juin 1843.	1,384	»	»	—	—	—	—	—	—	—	—	—	—	
3	Havré, Obourg et St-Denis.	Société du Bois-du-Luc-et-Trivières	Houille.	29 juill. 1827.	3,182	71	»	—	—	—	—	—	—	—	—	—	—	
7	Hayes-Monet.	Société anon. de Corphalie.	Calamine, plomb, pyrite.	—	—	—	—	12 fév. 1848.	172	»	»	—	—	—	—	0 25	3 p. c.	A. R. du 18 juill. 1852. — Embt vers le chemin de fer de Namur à Liége.

	DÉNOMINATION des CONCESSIONS.	DÉSIGNATION des CONCESSIONNAIRES PRIMITIFS.	NATURE.	MAINTENUE. DATES DES ARRÊTÉS.	MAINTENUE. ÉTENDUE. H.	A.	C.	CONCESSION. DATES DES ARRÊTÉS.	CONCESSION. ÉTENDUE. H.	A.	C.	EXTENSION DE CONCESSION. DATES DES ARRÊTÉS.	EXTENSION. ÉTENDUE. H.	A.	C.	REDEVANCES en faveur des Propriétaires du sol. Fixe par hectare.	Proportionnelle.	Observations.
4	Hazard	Société du Hazard	Houille.	—	—	—	—	27 août 1827.	229	»	»	—	—	—	—	0 10	—	
5	Herman-et-Pixherotte.	de Perot et Cie	Houille.	9 mars 1830.	230	82	»	—	—	—	—	—	—	—	—	0 40	—	Redevance établie en faveur des propriétaires avec lesquels n'existaient pas de conventions antérieures.
7	Héron	Comtesse J. de Berlaymont,										14 mars 1846.	77	»	»	0 25	1 p. c.	
		A. Naveau	Zinc, pyrite.	—	—	—	—	22 juin 1863.	364	94	»	—	—	—	—	1 00	1 p. c.	
6	Herve	Ch. Cockerill et Cie	Houille.	—	—	—	—	21 nov. 1829.	763	»	3	—	—	—	—	0 50	—	A. R. du 25 sept. 1864. — Cession de : 363 h. 26 a. 97 c., à la concession de la *Minerie*.
												13 juill. 1848.	222	22	94	0 25	1 p. c.	A. R. du 25 sept. 1864. — Réuni à la concession de *Wergifosse*, sous la dénomination de *Herve-Wergifosse*.
6	Herve-Wergifosse	Société anon. de Herve	Houille.	25 sept. 1864.	470	66	10	25 sept. 1864.	621	96	»	—	—	—	—	0 25	1 p. c.	Formée de la réunion des concessions de *Herve* et de *Wergifosse*.
4	Heure	D. Delvigne	Plomb, pyrite.	—	—	—	—	25 nov. 1843.	161	59	»	—	—	—	—	0 25	1 p. c.	
6	Homvent-Maldaccord (Société anonyme.)	Ve Devisé et Cie	Houille.	—	—	—	—	2 juill. 1829.	178	18	»	—	—	—	—	0 40	—	
												29 janv. 1844.	17	59	»	1 00	3 p. c.	
6	Honthem-Couchant	J. Nagelmackers et Cie	Pyrite.	—	—	—	—	13 juin 1863.	39	81	»	—	—	—	—	0 25	1 p. c.	
6	Honthem-Levant	de Donéa, David et Cie	Pyrite.	—	—	—	—	13 juin 1863.	18	49	»	—	—	—	—	0 25	1 p. c.	
												27 janv. 1867.	24	»	»	0 25	1 p. c.	
5	Horloz	Braconnier	Houille.	—	—	—	—	5 oct. 1827.	274	»	»	—	—	—	—	0 50	—	
1	Hornu-et-Wasmes (Sté anon.)	Sté du Hornu et-Wasmes	Houille.	10 sept. 1828.	421	51	28	—	—	—	—	—	—	—	—	—	—	
				20 avril 1852.	5	63	90	—	—	—	—	—	—	—	—	—	—	Rectification de limites.
				24 août 1861.	37	43	25	—	—	—	—	—	—	—	—	—	—	Maintenue et réunion des couches *Payez* et *Maton*.
1	Houilles-Grasses-du-Levant-d'Elouges (Grande-Veine-du-Bois-d'Epinois) (Société anonyme)	Société de la Grande-Veine du-Bois-d'Epinois	Houille.	12 fév. 1856.	677	26	69	—	—	—	—	—	—	—	—	—	—	A. R. des 24 août 1846 et 16 juill. 1855. — Embts vers le chemin de fer de Saint-Ghislain et celui de l'État.
6	Houlleux	H. de Flandre et Cie	Houille.	—	—	—	—	31 juill. 1828.	123	9	»	—	—	—	—	0 50	—	
6	Houlteau	P. D. Neuville	Houille.	—	—	—	—	16 avril 1828.	365	23	»	—	—	—	—	0 20	—	
												6 fév. 1830.	234	33	»	0 20	—	
6	Housse	Société de Housse	Houille.	26 fév. 1848.	247	37	»	—	—	—	—	—	—	—	—	0 25	1 p. c.	Redevances établies pour des couches comprises dans le même périmètre, mais accordées en concession. A. R. du 21 mai 1872. — Réuni aux

Nos des arrondissements.	DÉNOMINATION des CONCESSIONS.	DÉSIGNATION des CONCESSIONNAIRES PRIMITIFS.	NATURE.	MAINTENUE.				CONCESSION.				EXTENSION DE CONCESSION.				REDEVANCES en faveur des Propriétaires du sol.		Observations.
				DATES DES ARRÊTÉS.	ÉTENDUE. H.	A.	C.	DATES DES ARRÊTÉS.	ÉTENDUE. H.	A.	C.	DATES DES ARRÊTÉS.	ÉTENDUE. H.	A.	C.	Fixes par hectare	Proportionnelle.	
																		concessions de *Chératte* … *Bouhouille*, sous la dénomin… de *Chératte*.
3	Houssu	Société de Houssu . . .	Houille.	22 sept. 1845	323	58	»	—	—	—	—	—	—	—	—	—	—	
5	Hufnalle	Société de Hufnalle . . .	Houille.	14 janv. 1830.	92	35	»	—	—	—	—	—	—	—	—	1 00	—	Redevances établies en faveu… propriétaires avec lesquels n… taient pas de conventions … rieures. A. M. du 30 juin 1835. — Réu… concession de la *Petite Foxh…* sous la dénomination de *Huf…* *et-Foxhalle*.
5	Hufnalle-et-Foxhalle . . .	Sté de Hufnalle-et-Foxhalle.	Houille.	30 juin 1835.	92	35	»	30 juin 1835.	268	88	56	—	—	—	—	1 00	—	A. M. du 30 juin 1835. – Form… la réunion des concession… *Hufnalle* et de la *Petite Foxh…*
												10 juill. 1862.	41	11	»	1 00	1 p. c.	
4	Ile de Mornimont	V. J. Drapier-Decoux . .	Houille.	—	—	—	—	21 juin 1841.	116	68	19	—	—	—	—	0 25	1 p. c.	
4	Jambe	Comte A. de Liedekerke et de Houll	Houille.	--	—	—	—	9 fév. 1823.	463	»	»	—	—	—	—	0 10	—	
												6 avril 1839.	164	61	»	0 25	1 p. c.	
												6 avril 1839.	44	8	»	0 25	1 p. c.	Réunit à sa concession, cell… *Bois-Noust* (44 h. 8 a).
2	Jamioulx	F. Desmanet, L. Scohier, J. Scohier-Lotin, F. Scohier, F. Jennar	Houille.	—	—	—	—	17 juin 1845.	266	92	96	—	—	—	—	0 50	1 p. c.	
												24 fév. 1857.	3	50	»	0 50	1 p. c.	
1	Jausquette-sur-Dames. . .	Société de Bonnet-et-Veine-à Mouches	Houille.	—	—	—	—	30 avril 1830.	263	»	»	—	—	—	—	0 10	—	
6	Jeanson.	Société Jeanson.	Houille.	—	—	—	—	1er août 1827.	166	43	»	—	—	—	—	0 30	—	A. R. du 30 nov. 1861. — R… aux concessions de *Miner…* *Moreau*, sous la dénomin… de *Minerie*.
7	Jehay	Bon Vandensteen de Jehay.	Houille.	—	—	—	—	31 juill. 1841.	589	70	»	—	—	—	—	0 50	1 p. c.	
4	Jemelle.	C. Piron, R. Gorrissen . .	Pyrite.	—	—	—	—	26 janv. 1861.	295	»	»	—	—	—	—	0 25	1 p. c.	
4	Jemeppe-sur-Sambre . . .	Comtesse de Roose de Baisy.	Houille.	—	—	—	—	15 avril 1828.	936	»	»	—	—	—	—	0 10	—	
1	Jolimet-et-Roinge	Sté de Jolimet-et-Ronge. .	Houille.	—	—	—	—	5 juin 1845.	724	»	»	—	—	—	—	0 25	1/2 p.c.	Appartient à la *Société anony…* *des Charbonnages Belges*.
6	Jupille	A. d'Oultremont, D. Delsemme et Cies	Houille.	—	—	—	—	30 août 1863.	422	59	»	—	—	—	—	1 00	1 p. c.	
5	Kessales	Société Romarin-Kessales.	Houille.	28 août 1827.	236	97	»	—	—	—	—	—	—	—	—	0 80	—	Redevance établie en faveur … propriétaires avec lesquels n'e… taient pas de conventions an… rieures. A. R. des 8 fév. 1839 et 23 … 1870. — Embts vers la Meuse … le chemin de fer de Namur à Li…

DÉNOMINATION des CONCESSIONS.	DÉSIGNATION des CONCESSIONNAIRES PRIMITIFS.	NATURE.	MAINTENUE. Dates des arrêtés.	MAINTENUE. Étendue. H.	A.	C.	CONCESSION. Dates des arrêtés.	CONCESSION. Étendue. H.	A.	C.	EXTENSION DE CONCESSION. Dates des arrêtés.	EXTENSION. Étendue. H.	A.	C.	REDEVANCES en faveur des Propriétaires du sol. Fixes.	Par hectare.	Proportionnelle.	Observations.
…nkempois	F. Desoer	Plomb, zinc, pyrite.	—	—	—	—	23 août 1851.	76	»	»	—	—	—		0	25	2 p. c.	Appartient à la *Société anonyme des mines métalliques d'Angleur.*
											24 avril 1861.	136	51	24	0	25	2 p. c.	
											20 mars 1872.	18	28	30	0	50	2 p. c.	Réunit à sa concession celle du *Bois-communal-d'Angleur* (18 h. 28 a. 30 c.).
…velterie	Société de Kivelterie	Houille.	—	—	—	—	21 juill. 1846.	182	»	»	—	—	—	—	0	50	1 p. c.	
…a Boule	Delattre et Cie	Houille.	—	—	—	—	29 oct. 1809.	70	»	»	—	—	—	—	—	—	—	A. R. du 11 juill. 1854. — Réuni à la concession du *Rieu-du-Cœur*, sous cette dénomination.
…a Chartreuse	B. de Trans, Lecouteleux-Cousteleux	Houille.	—	—	—	—	25 germ. an IX.	1,200	»	»	—	—	—	—	—	—	—	A. R. du 20 nov. 1848. — Embt vers l'Ourthe. Appartient à la *Société anonyme des charbonnages de Chartreuse-et-Violette.*
…a Hasquette	L. Delaminne et Cie	Houille.	—	—	—	—	2 juin 1830.	95	79	»	—	—	—	—	0	30	—	A. R. du 1er mars 1872. — Embranchement vers le chemin de fer de l'Etat.
											13 juill. 1846.	22	21	»	0	50	1 p. c.	
…a Haye	Demet	Houille.	—	—	—	—	11 janv. 1808.	218	»	»	—	—	—	—	—	—	—	Appartient, en partie, à la *Société anonyme de Sclessin.*
											1 fév. 1826.	59	50	»	0	50	—	
											30 juill. 1844.	10	53	»	2	00	2 1/2 p. c.	
…a Hestre	Société de La Hestre	Houille.	—	—	—	—	18 oct. 1810.	433	»	»	—	—	—	—	0	10	—	
…a Lache	S. J. Noël et Cie	Houille.	—	—	—	—	12 juill. 1830	60	»	»	—	—	—	—	0	20	—	
											20 oct 1841.	112	63	»	0	25	1 p. c.	
…a Louvière	Société de La Louvière	Houille.	29 août 1809.	350	»	»	—	—	—	—	—	—	—	—	—	—	—	A. R. du 25 oct. 1857. — Embts vers le chemin de fer de Mons à Manage, et le canal de Charleroi à Bruxelles.
…a Minerie (voir Roisseleux-Chaumont)		—	—	—	—	—	—	—	—	—	—	—	—	—	—	—	—	
…andenne	E. et C. Collignon	Plomb, zinc, pyrite.	—	—	—	—	20 déc. 1854	91	30	52	—	—	—	—	0	25	1 1/2 p. c.	
											21 nov. 1860.	»	»	»	0	25	1 1/2 p. c.	Redevances établies pour les mines de pyrites de fer contenues dans la concession.
…a Plante	Th Marin et Ve H. Romnée.	Houille	—	—	—	—	7 fév. 1825.	82	36	»	—	—	—	—	0	10	—	
											26 juin 1828.	52	24	79	0	10	—	
…a Rochelle-et-Charnois	Société de La-Rochelle-et-Charnois	Houille.	20 août 1849.	145	»	»	—	—	—	—	—	—	—	—	0	50	2 p. c.	Redevances établies pour les couches contenues dans la maintenue, mais accordées en concession.
…a Rochette	Darberg	Houille.	—	—	—	—	1 nov. 1805.	378	»	»	—	—	—	—	—	—	—	

N° des arrondissements.	DÉNOMINATION des CONCESSIONS.	DÉSIGNATION des CONCESSIONNAIRES PRIMITIFS.	NATURE.	MAINTENUE. Dates des arrêtés.	MAINTENUE. Étendue. H.	A.	C.	CONCESSION. Dates des arrêtés.	CONCESSION. Étendue. H.	A.	C.	EXTENSION DE CONCESSION. Dates des arrêtés.	EXTENSION. Étendue. H.	A.	C.	REDEVANCES en faveur des Propriétaires du sol. Fixes par hectare.	Proportionnelle.	Observations.
2	La Sablonnière	Ste anon. des Charbonnages réunis de Charleroi . .	Houille.	12 mai 1858.	»	»	»	—	—	—	—	—	—	—	—	—	—	Cette concession fut maintenue réunie à d'autres concessions pa le même A. R. sous la dénomina tion de *Charbonnages Réunis a Charleroi.*
4	La Vecquée	Société anon. de Floreffe.	Manganèse, pyrite.	—	—	—	—	5 avril 1858.	239	»	»	—	—	—	—	0 25	1 p. c.	
6	La Violette	Cie Lecouteleux de Canteleu	Houille.	—	—	—	—	5 sept. 1828.	128	»	»	—	—	—	—	0 30	—	Appartient à la *Société anonyme de Charbonnages de Chartreuse-et-Violette.*
7	Lavoir	J. H. Kissing	Plomb, zinc, pyrite.	—	—	—	—	21 déc. 1857.	146	25	22	30 mai 1843 —	53 —	» —	90 —	0 25 0 25	1 p. c. 2 1/2 p. c.	Appartient à la *Société anonyme des mines et usines de Lavoir et Blanc-Misseron.*
4	Le Château	P. Crombet, C. et J. Brabant.	Houille.	—	—	—	—	5 avril 1813.	165	»	»	16 août 1860. —	134 —	35 —	» —	0 50 0 10	2 1/2 p. c. —	
2	Leernes-et-Landelies . . .	Cossée	Houille.	—	—	—	—	18 oct. 1827.	284	50	»	—	—	—	—	0 10	—	Appartient à la *Société anonyme des Charbonnages de Fontaine-l'Évêque.*
5	Lhoneux	H. Gendebien	Houille.	—	—	—	—	29 avril 1855.	132	»	»	—	—	—	—	0 25	1 p. c.	
4	Liégeois	Dukers, Leonis et Lagasse .	Houille.	—	—	—	—	21 août 1823.	200	»	»	—	—	—	—	0 14	—	
6	Lierneux	J. Albert, A. Battin, A. Thiry.	Manganèse.	—	—	—	—	5 fév. 1863.	314	»	»	—	—	—	—	0 25	1 p. c.	
4	Ligny	Ve Everaerts et ses enfants.	Plomb, pyrite	—	—	—	—	14 nov. 1861.	55	»	»	—	—	—	—	0 25	3 p. c.	
4	Lives	Pce de Rheina-Wolbecq et sa famille.	Pyrite.	—	—	—	—	23 juin 1860.	42	67	»	—	—	—	—	0 25	1 p. c.	
2	Lodelinsart	Société anon. de Lodelinsart	Houille.	28 juin 1848.	390	»	»	—	—	—	—	—	—	—	—	0 25	1 1/2 p. c.	Redevances pour les couches comprises dans le même périmètre, mais accordées en concession. Appartient à la *Société anonyme des Charb. réunis de Charleroi.* A. R. du 12 mai 1858. — Réuni à d'autres concessions, sous la dénomination de *Charbonnages réunis de Charleroi.*
3	L'Olive.	Warocqué	Houille.	—	—	—	—	4 août 1806.	250	»	»	—	—	—	—	—	—	A. R. du 25 mai 1850. — Réuni aux concessions de *Mariemont* et *Chaud-Buisson*, sous la dénomination de : *Mariemont-L'Olive-et-Chaud-Buisson.*
6	Lonette.	Société de Lonette. . . .	Houille.	—	—	—	—	2 nov. 1847.	135	»	»	—	—	—	—	0 25	1 p. c	
1	Longterne-Ferrand (Société anonyme)	Société du Longterne. . .	Houille.	—	—	—	—	17 mes. an IX.	450	»	»	—	—	—	—	—	—	A. R. du 15 mars 1858. — Embt vers le chemin de fer de la concession des *Houilles-Grasses-du-Levant-d'Elouges.*

	DÉNOMINATION des CONCESSIONS.	DÉSIGNATION des CONCESSIONNAIRES PRIMITIFS.	NATURE.	MAINTENUE.				CONCESSION.				EXTENSION DE CONCESSION.				REDEVANCES en faveur des Propriétaires du sol.		Observations.
				DATES DES ARRÊTÉS.	ÉTENDUE. H.	A.	C.	DATES DES ARRÊTÉS.	ÉTENDUE. H.	A.	C.	DATES DES ARRÊTÉS.	ÉTENDUE. H.	A.	C.	Fixes Par hectare.	Proportionnelle.	
1	Longterne - Trichères (Société anonyme)	L. Divuy et Cies	Houille.	25 avril 1829.	92	»	16	—	—	—	—	—	—	—	—	—	—	A. R. du 12 sept. 1860. — Embt vers le chemin de fer de la concession de la *Grande-Machine-à-Feu-de-Dour.*
												11 juill. 1861.	30	33	»	0 50	1 p. c	
8	Longwilly	Société de Longwilly	Plomb.	—	—	—	—	26 août 1826.	3,214	»	»	—	—	—	—	0 06	—	
7	Lovegnée	Vve Barré de Comogne, Monchour et Cies	Plomb, pyrite, calamine.	—	—	—	—	1er juin 1857.	232	»	»	—	—	—	—	0 25	1 p. c.	
												1er août 1860.	»	»	»	0 25	1 p. c.	Redevances établies pour les mines de plomb contenues dans la concession.
4	Loyers	P. Lesceux et Cies	Houille.	—	—	—	—	25 août 1822.	93	»	»	—	—	—	—	0 14	—	
5	Lurtay	E. H. Gendebien	Houille.	—	—	—	—	2 mars 1829.	225	2	»	—	—	—	—	0 30	—	Appartient à la *Société anonyme des Charbonnages d'Oulhaye et Lurtay.*
												12 juin 1870.	44	78	»	0 25	1 p. c.	
6	Macy	J. Moreau	Houille.	21 mars 1847.	166	»	»	—	—	—	—	—	—	—	—	0 25	1 1/4 p. c.	Redevances établies pour les couches comprises dans le même périmètre, mais accordées en concession.
7	Maitres-de-Forges	J. Cockerill et Cies	Fer, pyrite.	—	—	—	—	1er sept. 1830.	503	21	»	—	—	—	—	0 50	—	
												5 juill. 1866.	349	43	»	0 25	3 p. c.	
4	Malonne	L. Servais et Cies	Houille.	—	—	—	—	13 fév. 1829.	495	»	»	—	—	—	—	0 20	—	
7	Malsemaine	Société de Malsemaine	Houille.	—	—	—	—	27 oct. 1846.	138	»	»	—	—	—	—	0 50	1 p. c.	
2	Mambourg-Bawette	Ste anon. des Charbonnages réunis de Charleroi	Houille.	12 mai 1853.	»	»	»	—	—	—	—	—	—	—	—	—	—	Cette concession fut maintenue et réunie à d'autres concessions par le même A. R., sous la dénomination de *Charbonnages réunis de Charleroi.*
3	Manage	Comp. houil. de Manage	Houille.	—	—	—	—	20 août 1863.	1,450	»	»	—	—	—	—	0 50	1 p. c.	
4	Maquelette	Cte de Berlaymont	Fer.	—	—	—	—	15 août 1825.	179	»	»	—	—	—	—	0 06	—	
4	Marche-les-Dames	Ve Delmarmol, Kemlin, Lelièvre	Plomb, zinc, pyrite.	—	—	—	—	20 sept. 1840.	3,343	20	35	—	—	—	—	0 25	3 p. c.	Partage de la concession de *Vedrin.*
												9 sept. 1861.	782	»	»	0 25	3 p. c.	Appartient à la *Société anonyme de Corphalie.*
												3 oct. 1862.	179	»	»	0 25	3 p. c.	
2	Marcinelle-Nord	Vts Desmanet de Biesmes, Huart et Dubuque.	Houille.	—	—	—	—	25 oct. 1826.	549	50	»	—	—	—	—	0 10	—	A. R. du 14 fév. 1856. — Embt vers le chemin de fer de l'État, la Sambre et les Usines de Couillet.
												6 janv. 1829.	188	82	»	0 10	—	Appartient à la *Société anonyme de Marcinelle-et-Couillet.*
												25 avril 1870.	12	30	»	2 00	3 p. c.	

N[os] des arrondissements.	DÉNOMINATION des CONCESSIONS.	DÉSIGNATION des CONCESSIONNAIRES PRIMITIFS.	NATURE.	MAINTENUE.				CONCESSION.				EXTENSION DE CONCESSION.				REDEVANCES en faveur des Propriétaires du sol.		Observations.
				DATES DES ARRÊTÉS.	ÉTENDUE. H.	A.	C.	DATES DES ARRÊTÉS.	ÉTENDUE. H.	A.	C.	DATES DES ARRÊTÉS.	ÉTENDUE. H.	A.	C.	Fixes par hectare.	Proportionnelle.	
2	Marcinelle-Sud	C. A. Desmanet de Biesmes.	Houille.	—	—	—	—	21 août 1827.	133	»	»	—	—	—	—	0 20	—	
3	Mariemont	Hardempont.	Houille.	—	—	—	—	16 pluv. an IX.	387	35	»	—	—	—	—	—	—	A. R. du 25 mai 1850. — Réuni concessions de *L'Olive* et *Chaud-Buisson*, sous la déno nation de *Mariemont-L'Olive Chaud-Buisson.*
3	Mariemont-L'Olive-et-Chaud-Buisson.	Société de Mariemont . .	Houille.	25 mai 1850.	1,090	50	»	—	—	—		11 therm. an XII	112	65	»	—	—	
												—	—	—	—	—	—	Formée de la réunion des conc sions de *Mariemont, l'Olive Chaud-Buisson.*
												10 janv. 1862.	401	»	»	0 50	3 p. c.	Réunit, à sa concession, celle *Carnières* (401 h.).
6	Marihaye	Société de Marihaye . . .	Houille.	—	—	—	—	13 mars 1827.	276	76	»	—		—	—	0 80	—	A. R. du 9 déc. 1852. — Emb[t] v le ch. de fer de Namur à Liég
												30 nov. 1861.	47	50	»	1 00	1 p. c.	
												19 nov. 1864.	59	47	»	1 00	1 p. c.	
												24 nov. 1866.	25	»	»	1 00	1 p. c.	
4	Marquis-de-Croix	Marquis de Croix. . . .	Fer.	—	—	—	—	15 oct. 1828.	548	»	»	—	—	—	—	0 06	—	
2	Martinet	Société du Martinet . . .	Houille.	8 fév. 1846.	348	»	»	—	—	—	—	—	—	—	—	0 25	2 p. c.	Redevances établies pour des co ches contenues dans le mê périmètre, mais accordées en co cession. A. R. du 29 avril 1855. — Réun la concession de *Monceau-Fo taine*, sous la dénomination *Monceau-Fontaine-et-Martin*
8	Masbourg.	P. Claes	Plomb.	—	—	—	—	22 juin 1854.	80	»	»	—	—	—	—	0 25	1 p. c	
2	Masse-et-Diarbois	Société de Masse-et-Diarbois	Houille.	30 oct. 1858.	241	»	»	30 oct. 1858.	294	»	»	—	—	—	—	0 50	2 p. c.	Formée de la réunion des conc sions de *Grosse-et-Petite-Mas et-Mal-et-Fichet* et de *Sai Antoine.*
2	Masse-et-Droit-Jet. . . .	A. et C. Drion et Cies . .	Houille.	23 juin 1860.	43	28	»	—	—	—	—	—	—	—	—	0 50	2 p. c.	Redev. établies pour des couch conten. dans le même périmèt mais accordées en concession. A. R. du 30 sept. 1873. — Em vers le chemin de fer du Gran Central.
2	Masse-Saint-François. . .	S[té] de la Masse St-François.	Houille.	24 oct. 1842.	297	7	85	—	—	—	—	—	—	—	—	—	—	A. R. des 18 juill. 1852 et 12 se 1860. — Emb[ts] vers le chemin fer de l'Etat. Appartient à la *Société anony des Houillères unies du Bas de Charleroi.*
4	Mazée	Van Ewyck et Cies . . .	Plomb, pyrite	—	—	—	—	4 déc. 1828.	1,220	»	»	—	—	—	—	0 40	—	
6	Melin	Société de Melin	Houille.	—	—	—	—	29 août 1827.	183	25	»	—	—	—	—	0 80	—	A. R. du 8 fév. 1846. — Cession

N^os^ des arrondissements	DÉNOMINATION des CONCESSIONS.	DÉSIGNATION des CONCESSIONNAIRES PRIMITIFS.	NATURE.	MAINTENUE.				CONCESSION.				EXTENSION DE CONCESSION.				REDEVANCES en faveur des Propriétaires du sol.		Observations.
				DATES DES ARRÊTÉS.	ÉTENDUE. H.	A.	C.	DATES DES ARRÊTÉS.	ÉTENDUE. H.	A.	C.	DATES DES ARRÊTÉS.	ÉTENDUE. H.	A.	C.	Fixes par hectare.	Proportionnelle.	
1	Longterne - Trichères (Société anonyme)	L. Divuy et Cies	Houille.	25 avril 1829.	92	»	16	—	—	—	—	—	—	—	—	—	—	A. R. du 12 sept. 1860. — Emb^t^ vers le chemin de fer de la concession de la *Grande-Machine-à-Feu-de-Dour.*
												11 juill. 1861.	30	33	»	0 50	1 p. c	
8	Longwilly	Société de Longwilly	Plomb.	—	—	—	—	26 août 1826.	3,214	»	»	—	—	—	—	0 06	—	
7	Lovegnée	Vve Barré de Comogne, Moncheur et Cie	Plomb, pyrite, calamine.	—	—	—	—	1er juin 1857.	232	»	»	—	—	—	—	0 25	1 p. c.	
												1er août 1860.	»	»	»	0 25	1 p. c.	Redevances établies pour les mines de plomb contenues dans la concession.
4	Loyers	P. Lesceux et Cies	Houille.	—	—	—	—	25 août 1822.	93	»	»	—	—	—	—	0 14	—	
5	Lurtay	E. H. Gendebien	Houille.	—	—	—	—	2 mars 1829.	225	2	»	—	—	—	—	0 30	—	Appartient à la *Société anonyme des Charbonnages d'Oulhaye et Lurtay.*
												12 juin 1870.	44	78	»	0 25	1 p. c.	
6	Macy	J. Moreau	Houille.	21 mars 1847.	166	»	»	—	—	—	—	—	—	—	—	0 25	1 1/4 p. c.	Redevances établies pour les couches comprises dans le même périmètre, mais accordées en concession.
7	Maitres-de-Forges	J. Cockerill et Cies	Fer, pyrite.	—	—	—	—	1er sept. 1830.	503	21	»	—	—	—	—	0 50	—	
												5 juill. 1866.	349	43	»	0 25	3 p. c.	
4	Malonne	L. Servais et Cies	Houille.	—	—	—	—	13 fév. 1829.	495	»	»	—	—	—	—	0 20	—	
7	Malsemaine	Société de Malsemaine	Houille.	—	—	—	—	27 oct. 1846.	138	»	»	—	—	—	—	0 50	1 p. c.	
2	Mambourg-Bawette	S^té^ anon. des Charbonnages réunis de Charleroi	Houille.	12 mai 1853.	»	»	»	—	—	—	—	—	—	—	—	—	—	Cette concession fut maintenue et réunie à d'autres concessions par le même A. R., sous la dénomination de *Charbonnages réunis de Charleroi.*
3	Manage	Comp. houil. de Manage	Houille.	—	—	—	—	20 août 1863.	1,450	»	»	—	—	—	—	0 50	1 p. c.	
4	Maquelette	Cte de Berlaymont	Fer.	—	—	—	—	15 août 1825.	179	»	»	—	—	—	—	0 06	—	
4	Marche-les-Dames	Ve Delmarmol, Kemlin, Lelièvre	Plomb, zinc, pyrite.	—	—	—	—	20 sept. 1840.	3,343	20	35	—	—	—	—	0 25	3 p. c.	Partage de la concession de *Vedrin.*
												9 sept. 1861.	782	»	»	0 25	3 p. c.	Appartient à la *Société anonyme de Corphalie.*
												3 oct. 1862.	179	»	»	0 25	3 p. c.	
2	Marcinelle-Nord	V^ts^ Desmanet de Biesmes, Huart et Dubuque	Houille.	—	—	—	—	25 oct. 1826.	549	50	»	—	—	—	—	0 10	—	A. R. du 14 fév. 1856. — Emb^t^ vers le chemin de fer de l'État, la Sambre et les Usines de Couillet.
												6 janv. 1829.	188	82	»	0 10	—	Appartient à la *Société anonyme de Marcinelle-et-Couillet.*
												25 avril 1870.	12	30	»	2 00	3 p. c.	

N° des arrondissements	DÉNOMINATION des CONCESSIONS.	DÉSIGNATION des CONCESSIONNAIRES PRIMITIFS.	NATURE.	MAINTENUE.				CONCESSION.				EXTENSION DE CONCESSION.				REDEVANCES en faveur des Propriétaires du sol.		Observations.
				DATES DES ARRÊTÉS.	ÉTENDUE. H.	A.	C.	DATES DES ARRÊTÉS.	ÉTENDUE. H.	A.	C.	DATES DES ARRÊTÉS.	ÉTENDUE. H.	A.	C.	Fixes par hectare.	Proportionnelle.	
2	Marcinelle-Sud	C. A. Desmanet de Biesmes.	Houille.	—	—	—	—	21 août 1827.	133	»	»	—	—	—	—	0 20	—	
3	Mariemont	Hardempont.	Houille.	—	—	—	—	16 pluv. an IX.	387	35	»	—	—	—	—	—	—	A. R. du 25 mai 1850. — Réuni concessions de *L'Olive* et *Chaud-Buisson*, sous la déno nation de *Mariemont-L'Olive Chaud-Buisson*.
												11 therm. an XII	112	65	»	—	—	
3	Mariemont-L'Olive-et-Chaud-Buisson.	Société de Mariemont . .	Houille.	25 mai 1850.	1,090	50	»	—	—	—		—	—	—	—	—	—	Formée de la réunion des conce sions de *Mariemont*, *l'Olive Chaud-Buisson*.
												10 janv. 1862.	401	»	»	0 50	3 p. c.	Réunit, à sa concession, celle *Carnières* (401 h.).
6	Marihaye	Société de Marihaye . . .	Houille.	—	—	—	—	13 mars 1827.	276	76	»	—		—	—	0 80	—	A. R. du 9 déc. 1852. — Emb[t] v le ch. de fer de Namur à Liég
												30 nov. 1861.	47	50	»	1 00	1 p. c.	
												19 nov. 1864.	59	47	»	1 00	1 p. c.	
												24 nov. 1866.	25	»	»	1 00	1 p. c.	
4	Marquis-de-Croix	Marquis de Croix. . . .	Fer.	—	—	—	—	15 oct. 1828.	548	»	»	—	—	—	—	0 06	—	
2	Martinet	Société du Martinet . . .	Houille.	8 fév. 1846.	348	»	»	—	—	—	—	—	—	—	—	0 25	2 p. c.	Redevances établies pour des co ches contenues dans le mê périmètre, mais accordées en c cession. A. R. du 29 avril 1855. — Réur la concession de *Monceau-F taine*, sous la dénomination *Monceau-Fontaine-et-Martin*
8	Masbourg.	P. Claes	Plomb.	—	—	—	—	22 juin 1854.	80	»	»	—	—	—	—	0 25	1 p. c.	
2	Masse-et-Diarbois	Société de Masse-et-Diarbois	Houille.	30 oct. 1858.	241	»	»	30 oct. 1858.	294	»	»	—	—	—	—	0 50	2 p. c.	Formée de la réunion des conce sions de *Grosse-et-Petite-Mas et-Mal-et-Fichet* et de *Sai Antoine*.
2	Masse-et-Droit-Jet. . . .	A. et C. Drion et Cie . .	Houille.	23 juin 1860.	43	28	»	—	—	—	—	—	—	—	—	0 50	2 p. c.	Redev. établies pour des couch conten. dans le même périmèt mais accordées en concession. A. R. du 30 sept. 1873. — Em vers le chemin de fer du Gran Central.
2	Masse-Saint-François. . .	S[té] de la Masse St-François.	Houille.	24 oct. 1842.	297	7	85	—	—	—	—	—	—	—	—	—	—	A. R. des 18 juill. 1852 et 12 se 1860. — Emb[ts] vers le chemin fer de l'Etat. Appartient à la *Société anony des Houillères unies du Bass de Charleroi*.
4	Mazée	Van Ewyck et Cie . . .	Plomb, pyrite	—	—	—	—	4 déc. 1828.	1,220	»	»	—	—	—	—	0 40	—	
6	Melin	Société de Melin	Houille.	—	—	—	—	29 août 1827.	183	25	»	—	—	—	—	0 80	—	A. R. du 8 fév. 1846. — Cession

DÉNOMINATION des CONCESSIONS.	DÉSIGNATION des CONCESSIONNAIRES PRIMITIFS.	NATURE.	MAINTENUE.				CONCESSION.				EXTENSION DE CONCESSION.				REDEVANCES en faveur des propriétaires du sol.		Observations.
			DATES DES ARRÊTÉS.	ÉTENDUE. H.	A.	C.	DATES DES ARRÊTÉS.	ÉTENDUE. H.	A.	C.	DATES DES ARRÊTÉS.	ÉTENDUE. H.	A.	C.	Fixes par hectare	Proportionnelle.	
																	15 h. 75 a., à la *Société des Quatre-Jean.*
Membach (Société anonyme).	G. Stembert, M. Thimus .	Calamine, plomb.	—	—	—	—	13 août 1824.	225	»	»	16 janv. 1828.	350	50	»	0 40	—	
											8 fév. 1846.	402	»	»	0 25	1 p. c.	
											—	—	—	—	0 30	—	
											15 avril 1851.	»	»	»	0 25	1 p. c.	Redevances établies pour les mines de plomb contenues dans la concession.
Meuville	Société J. Cockerill . . .	Manganèse.	—	—	—	—	11 juin 1867.	163	»	»	...	—	—	—	0 25	1 p. c.	
Miaucour-et-Grippelotte . .	Société de Sart-lez-Moulin.	Houille.	5 juill. 1840.	116	22	»	—	---	—	—	—	—	—	—	—	—	A. R. du 29 avril 1855. — Réuni à d'autres concessions, sous la dénomination de *Charbonnages du-Nord-de-Charleroi.*
Micheroux.	Cte E. d'Oultremont, Baron C. de Copis	Houille.	—	—	—	—	23 sept. 1846.	103	»	»	5 juill. 1849.	11	18	»	0 50	2 p. c.	
											—	—	—	—	0 25	1 p. c.	
											29 avril 1865.	4	50	»	0 25	1 p. c.	
Midi-de-Dour	Cte Vandermeere de Cruyshauten	Houille.	—	—	—	—	17 janv. 1829.	594	»	»	—	---	—	—	0 10	—	A. R. du 11 avril 1843. — Réuni à la concession de la *Grande-Chevalière*, sous la dénomination de *Chevalières-de-Dour.*
											11 avril 1843.	58	»	»	0 50	1 p. c.	
Midi-du-Bois-de-Boussu-et-Sainte-Croix-Sainte-Claire	Société anon. du Nord-du-Bois-de-Boussu. . . .	Houille.	15 mars 1854.	»	»	»	—	—	—	—	—	—	—	—	—	—	Cette concession fut maintenue et réunie à celle du *Nord-du-Bois-de-Boussu*, sous la dénomination de *Boussu-et-Sainte-Croix-Sainte-Claire.*
Moët-Fontaine	G. Lambert.	Manganèse.	—	—	—	—	11 juin 1867.	153	»	»	—	—	—	—	0 25	1 p. c.	
Moha	C. Dormal, W. Galère, P. Guisse	Houille.	—	—	—	—	4 nov. 1855.	106	»	»	—	—	—	—	0 25	1 p. c.	
Moha	L. Delaminne, L. Fastré, Ve B. Dumont-Jouniaux .	Plomb.	—	—	—	—	24 oct. 1848.	196	»	»	—	..	—	—	0 50	2 p. c.	
Moignelée.	J. Anciaux, P. Lefebvre. .	Houille.	—	—	—	—	30 mai 1827.	124	»	»		—	—	—	0 10	...	A. R. du 20 oct. 1859. — Réuni à la concession de *Tamine*, sous la dénomination de *Charbonnages-Réunis-de-la-Basse-Sambre.*
Moisnil.	Z. Opdenberg et Cts . . .	Plomb.	—	—	—	—	8 fév. 1829.	315	»	»	—	—	—	—	0 10	—	
Monceau-Fontaine. . . .	Ste de Monceau-Fontaine .	Houille.	—	—	—	—	8 janv. 1846.	1,748	»	»	...	—	—	—	0 25	2 p. c.	A. R. du 19 avril 1855. — Réuni à la concession du *Martinet*, sous la dénomination de *Monceau-Fontaine-et-Martinet.*

N° des arrondissements.	DÉNOMINATION des CONCESSIONS.	DÉSIGNATION des CONCESSIONNAIRES PRIMITIFS.	NATURE.	MAINTENUE.				CONCESSION.				EXTENSION DE CONCESSION.				REDEVANCES en faveur des Propriétaires du sol.			Observations.
				DATES DES ARRÊTÉS.	ÉTENDUE. H.	A.	C.	DATES DES ARRÊTÉS.	ÉTENDUE. H.	A.	C.	DATES DES ARRÊTÉS.	ÉTENDUE. H.	A.	C.	Fixe Par hectare.		Proportionnelle.	
2	Monceau-Fontaine-et-Martinet (Société anonyme) . .	Société anon. de Monceau-Fontaine-et-Martinet . .	Houille.	29 avril 1855.	348	»	»	29 avril 1855.	1,748	»	»	—	—	—	—	0	25	2 p. c.	Formée de la réunion des conc[...] sions de *Monceau-Fontaine* et *Martinet*,
												22 avril 1869	250	»	»	0	25	2 p. c.	
3	Mont-Sainte-Aldegonde . .	D^me^ D. Vandergracht et comtesse de Marnix . .	Houille.	—	—	—	—	20 nov. 1843.	232	»	»	—	—	—	—	0	50	1 1/2 p. c.	A. R. du 11 déc. 1869. — Réun[...] la concession de *Trahegnies*, so[...] la dénomination de *Ste-Aldegon*[...] A. R. du 14 mars 1873. — Ce[...] concession est rétablie en conce[...] sion distincte, telle que l'institu[...] l'A. R. du 20 nov. 1843.
6	Moreau.	Société Moreau.	Houille.	—	—	—	—	28 nov. 1827.	698	17	»	—	—	—	—	0	30	—	A. R. du 30 nov. 1861. — Réuni a[...] concessions de *Minerie* et [...] *Jeanson*, sous la dénomination [...] *Minerie*.
4	Morivaux	D^me^ Robyns, Douairière du comte Cornet d'Elzius du Chesnoy	Pyrite.	—	—	—	—	29 juill. 1844.	132	»	20	—	—	—	—	0	25	2 p. c.	
4	Mornimont	L. Lalieu.	Houille.	—	—	—	—	3 avril 1822.	137	»	»	—	—	—	—	0	20	—	A. R. du 21 juin 1841. — Cède 3 [...] 83 a. 69 c., à la concession [...] l'*Ile-de-Mornimont*.
												21 juin 1841.	24	34	18	0	20	1 p. c.	
4	Moustiers.	B. J. Bequet de Severin. .	Houille.	—	—	—	—	11 juill. 1827.	510	»	»	—	—	—	—	0	10	—	
4	Muache	Th. Dereul et Cie	Houille.	—	—	—	—	3 janv. 1829.	102	»	»	—	—	—	—	0	50	—	
4	Namur.	D^me^ Ve P. Adam, L. Adam, D^me^ Ve T. Marin et Cie.	Houille.	—	—	—	—	8 mai 1839.	15	17	»	—	—	—	—	0	25	1 p. c.	
2	Naye-à-Bois	Société d'Amercœur . . .	Houille.	8 sept. 1862.	22	»	»	—	—	—	—	—	—	—	—	—	—	—	A. R. du 8 sept. 1862. — Réuni [...] la concession d'*Amercœur*, so[...] cette dénomination.
6	Neufcour	A. J. Tomson et Cie. . .	Houille.	—	—	—	—	26 fév. 1828.	56	10	»	—	—	—	—	0	20	—	
4	Neuville	Libert, Dams, Beckers . .	Pyrite.	—	—	—	—	17 août 1858.	362	20	»	—	—	—	—	0	25	1 p. c.	
3	Nimy	E. Plumat et Cie. . . .	Houille.	—	—	—	—	19 avril 1869.	1,528	»	»	—	—	—	—	0	50	1 1/2 p. c.	
2	Noël.	Société de Noël	Houille.	10 janv. 1857.	209	»	»	—	—	—	—	—	—	—	—	0	50	2 p. c.	Redevances établies pour les cou[...] ches comprises dans le périmètre[...] mais accordées en concession. Formée de la réunion des conces[...] sions de *Noël-au-Bois-de-Lobbe*[...] et de *Noël-Sart-Culpart-Veine*[...] *au-Clou-et-Pistole*.
2	Noël-au-Bois-de-Lobbes . .	Société de Noël-au-Bois-de-Lobbes	Houille.	4 août 1849.	74	»	»	—	—	—	—	—	—	—	—	0	50	2 p. c.	Redevances établies pour les cou[...] ches comprises dans le périmètre mais accordées en concession.

	DÉNOMINATION des CONCESSIONS.	DÉSIGNATION des CONCESSIONNAIRES PRIMITIFS.	NATURE.	MAINTENUE.				CONCESSION.				EXTENSION DE CONCESSION.				REDEVANCES en faveur des Propriétaires du sol.		Observations.
				DATES DES ARRÊTÉS.	ÉTENDUE. H.	A.	C.	DATES DES ARRÊTÉS.	ÉTENDUE. H.	A.	C.	DATES DES ARRÊTÉS.	ÉTENDUE. H.	A.	C.	Fixe par hectare	Proportionnelle.	
																		A. R. du 10 janv. 1857. — Réuni à la concession de *Noël-Sart-Culpart - Veine-au-Clou-et-Pistole*, sous la dénomination de *Noël*.
	Noël-Sart-Culpart, Veine-au-Clou, Pistole	Ste de Noël-Sart-Culpart .	Houille.	10 janv 1857.	135	»	»	—	—	—	—	—	—	—	—	—	—	A. R. du 10 janv. 1857. — Réuni à la concession de *Noël-du-Bois-de-Lobbes*, sous la dénomination de *Noël*.
	Nord-du-Bois-de-Boussu	Société du Nord-du-Bois-de-Boussu	Houille.	26 avril 1833.	1,051	»	»	—	—	—	—	—	—	—	—	—	—	A. R. du 15 mars 1854. — Réuni aux concessions du *Midi du-Bois-de-Boussu* et de *Sainte-Croix-Sainte-Claire*, sous la dénomination de *Boussu - Sainte - Croix-Sainte-Claire*.
3	Nouvelle-Espérance . . .	Société de l'Espérance . .	Houille.	—	—	—	—	8 mars 1825.	154	61	»	—	—	—	—	0 81	—	Cette redevance représente le 81e panier de l'extraction. A. R. du 24 mars 1861. — Embt vers le chemin de fer de l'État.
												5 oct. 1827.	46	24	»	1 00	—	
6	Nouvelle-Montagne (Société anonyme)	Société de la Nouvelle-Montagne	Zinc.	—	—	—	—	7 mai 1829.	641	91	»	—	—	—	—	1 00	—	
4	Olloy	P. J. Poschet	Fer.	—	—	—	—	19 août 1827.	69	»	»	—	—	—	—	0 10	—	
6	Oneux	Hansez, Depresseux et Cie	Zinc, blende, galène, soufre, pyrite, plomb.	—	—	—	—	13 avril 1856.	35	»	»	—	—	—	—	0 25	1 p. c.	
												28 janv. 1859.	»	»	»	0 25	1 p. c.	Redevances établies pour la concession de mines de soufre, de pyrite et de plomb, comprises dans le périmètre.
												9 juill. 1859.	»	»	»	0 25	1 p. c.	Redevances établies pour la concession de mines de zinc, comprises dans le périmètre. A. R. du 9 sept. 1861. — Réuni à la concession de *Rocheux*, sous la dénomination de *Rocheux-Oneux*.
6	Onhons.	Société des Onhons . . .	Houille.	—	—	—	—	25 août 1846.	113	»	»	—	—	—	—	0 25	1 1/2 p. c.	
4	Oret.	C. de Cartier.	Fer.	—	—	—	—	15 fév. 1829.	763	»	»	—	—	—	—	0 10	—	
2	Ormont	Société d'Ormont	Houille.	—	—	—	—	29 juin 1844.	258	75	79	—	—	—	—	0 50	1 1/2 p. c.	
												9 janv. 1865.	33	17	40	0 50	1 1/2 p. c.	
6	Ougrée (Société anonyme) .	Société d'Ougrée	Houille.	—	—	—	—	31 juill. 1827.	188	89	»	—	—	—	—	0 30	—	
												8 juill. 1861.	56	19	53	1 00	1 p. c.	
												21 sept. 1867.	57	»	»	2 00	2 p. c.	
												19 mars 1869.	76	7	4	2 00	2 p. c.	

N° des arrondissements.	DÉNOMINATION des CONCESSIONS.	DÉSIGNATION des CONCESSIONNAIRES PRIMITIFS.	NATURE.	MAINTENUE.				CONCESSION.				EXTENSION DE CONCESSION.				REDEVANCES en faveur des Propriétaires du sol.		Observations.
				DATES DES ARRÊTÉS.	ÉTENDUE. H.	A.	C.	DATES DES ARRÊTÉS.	ÉTENDUE. H.	A.	C.	DATES DES ARRÊTÉS.	ÉTENDUE. H.	A.	C.	Fixes par hectare.	Proportionnelle.	
7	Oulhaye	Société d'Oulhaye. . . .	Houille.	—	—	—	—	19 fév. 1856.	145	48	44	—	—	—	—	0 50	1 p. c.	Appartient à la *Société anon[...] des Charbonnages d'Oulhay[...] Lurtay*.
												30 sept. 1862.	9	14	»	0 50	1 p. c.	
												17 juin 1871.	112	»	»	0 50	1 p. c.	
7	Paix-Dieu.	Ve Mottart, L. Hallut et Cie.	Houille.	—	—	—	—	20 nov. 1840.	380	1	37	—	—	—	—	0 50	1 p. c.	
5	Paradis, Avroy et Boverie .	F. Piercot, Th. Teichmann, D. Mouton-Wery et Cie.	Houille.	—	—	—	—	30 juill. 1844.	165	56	»	—	—	—	—	2 50	2 1/2 p. c.	A. R. du 30 avril 1848. — E[...] vers le chemin de fer de l'Ét[...]
5	Patience-Beaujonc (Société anonyme)	Sociétés réunies de Patience et de Beaujonc	Houille.	—	—	—	—	4 janv. 1841.	285	45	»	—	—	—	—	1 50	2 p. c.	A. R. des 26 nov. 1859 et 10 [...] 1872. — Emb^{ts} vers le chemin [...] fer de l'État et la chaussée [...] Glain à Bierset.
3	Péronnes (Société anonyme).	L. Fauvel et P. Colmant .	Houille.	—	—	—	—	27 juin 1827.	1,008	53	57	—	—	—	—	0 10	—	A. R. du 31 août 1860. — E[...] vers le chemin de fer du Cen[...]
												18 fév. 1864	75	»	»	0 50	1/2 p. c.	
												9 juin 1866.	31	4	»	0 50	1/2 p. c.	
5	Petite-Bacnure	Société de la Petite-Bacnure	Houille.	—	—	—	—	1er mai 1830.	150	48	»	—	—	—	—	0 60	—	
5	Petite-Foxhalle	J. J Poncelet	Houille.	—	—	—	—	20 sept. 1824.	239	»	6	—	—	—	—	0 10	—	A. M. du 30 juin 1835. — Réu[...] la concession de *Huffnalle* s[...] la dénomination de *Huffnalle* [...] *Foxhalle*.
												14 janv. 1830.	29	88	50	1 00	—	
2	Petit-Forêt	S^{té} de Trieu-Kaisin-Deux-Forêts-et-Combles . . .	Houille.	24 mars 1848.	»	»	»	—	—	—	—	—	—	—	—	—	—	Cette concession fut maintenue [...] réunie à d'autres concessions [...] le même A. R., sous la déno[...] nation de *Trieu-Kaisin-De[...] Forêts-et-Combles*.
2	Petit-Houilleur	Société du Petit-Houilleur.	Houille.	24 juin 1830.	84	»	»	—	—	—	—	—	—	—	—	0 10	—	Redevance établie pour les c[...] ches comprises dans le périmè[...] mais accordées en concession.
2	Petit-Try, Trois-Sillons, Ste Marie et Défoncement . .	Société du Petit-Try . . .	Houille.	24 juin 1830.	278	»	»	—	—	—	—	—	—	—	—	0 10	—	Redevance établie pour les couch[...] comprises dans le périmètre, m[...] accordées en concession.
																		A. R. du 30 sept. 1873. — Em[...] vers la route de Wainage au Ma[...]
												29 juill. 1841.	142	14	77	0 50	2 p. c.	
4	Philippeville	Piérard, Ellis	Zinc, plomb, pyrite.	—	—	—	—	22 avril 1850.	143	»	»	—	—	—	—	0 25	2 p. c.	
												28 fév. 1854.	110	»	»	0 25	2 p. c.	
4	Pierreux-Mont	Société de Rouvroy . . .	Plomb, zinc.	—	—	—	—	5 fév. 1858.	45	50	»	—	—	—	—	0 25	1 p. c.	

	DÉNOMINATION des CONCESSIONS.	DÉSIGNATION des CONCESSIONNAIRES PRIMITIFS.	NATURE.	MAINTENUE.				CONCESSION.				EXTENSION DE CONCESSION.				REDEVANCES en faveur des Propriétaires du sol.		Observations.
				DATES DES ARRÊTÉS.	ÉTENDUE. H.	A.	C.	DATES DES ARRÊTÉS.	ÉTENDUE. H.	A.	C.	DATES DES ARRÊTÉS.	ÉTENDUE. H.	A.	C.	Fixes par hectare.	Proportionnelle.	
6	Piéton (Société anonyme).	Société du Piéton	Houille.	—	—	—	—	9 sept. 1843.	392	»	»	—	—	—	—	0 50	1 1/2 p. c.	A. R. du 14 oct. 1852. — Embt vers le chemin de fer de Mons à Manage.
												26 mars 1860.	65	»	»	0 50	1 1/2 p. c.	A. R. du 25 sept. 1869 — Réuni à la concession du *Bois-des-Vallées*, sous la dénomination de *Piéton-Centre*.
3	Piéton-Centre (Société anon.)	Société de Piéton-Centre	Houille.	—	—	—	—	25 sept. 1869.	625	»	»	—	—	—	—	0 50	1 1/2 p. c.	Formée de la réunion des concessions de *Piéton* et du *Bois-des-Vallées*.
2	Poirier	Société du Poirier	Houille.	—	—	—	—	12 fév. 1848.	190	»	»	—	—	—	—	0 50	2 p. c.	A. R. des 10 août 1858 et 13 janv. 1863 — Embts vers le chemin de fer de l'État et celui de l'Est-Belge.
												10 nov. 1862.	4	80	»	—	—	Cession de 4 h. 80 a faite par la *Société anonyme des Charbonnages réunis de Charleroi*.
												25 avril 1870	43	»	»	0 50	2 p. c.	
2	Pont-de-Loup-Nord	Pce de Gavre et Cies	Houille.	—	—	—	—	18 fév. 1828.	538	»	»	—	—	—	—	0 10	—	Appartient à la *Société de Tergnée-Aiseau-Presles*.
												30 juin 1868	147	»	»	0 50	1 1/2 p. c.	
2	Pont-de-Loup-Sud.	Dumont et Cies.	Houille.	—	—	—	—	13 fév. 1828.	302	»	»	—	—	—	—	0 10	—	
												30 nov. 1844.	27	85	»	0 50	1 1/2 p. c.	
6	Pouillon-Fourneau.	Société anon. de Sclessin	Zinc, pyrite, plomb.	—	—	—	—	27 janv. 1862.	51	20	»	—	—	—	—	0 25	1 p. c.	
												9 nov. 1863.	»	»	»	0 25	1 p. c.	Redevances établies pour la concession des mines de plomb, comprises dans le périmètre.
6	Pouillon-Fourneau.	Société anon. de Sclessin	Houille.	—	—	—	—	20 fév. 1865.	51	20	»	—	—	—	—	0 25	1 p. c.	Périmètre compris dans celui de la concession métallique.
6	Prés-de-Fléron	Société des Prés de-Fléron.	Houille.	—	—	—	—	2 nov. 1847.	172	»	»	—	—	—	—	0 25	1 p. c.	
1	Produits (Société anonyme).	Société des Produits	Houille.	11 nov. 1837.	1,173	70	80	—	—	—	—	—	—	—	—	—	—	
												19 avril 1869.	270	»	»	0 50	2 p. c.	
												3 fév. 1870.	12	75	10	0 25	2 p. c.	La Société du *Levant-du-Flénu* (*Cache-Après*) a cédé à celle-ci : 20 h. 41 a. 66 c. en échange de 7 h. 66 a. 56 c.
2	Propriétaires-Réunis	Sté des Propriétaires-Réunis	Houille.	—	—	—	—	2 oct. 1845.	87	»	»	—	—	—	—	0 50	2 p. c.	Appartient à la *Société anonyme des Charbonnages de la Réunion*.
6	Quatre-Jean	Société des Quatre-Jean.	Houille.	—	—	—	—	26 oct. 1827	195	21	»	—	—	—	—	0 20	—	
												16 janv. 1828.	100	91	18	0 20	—	
												8 fév. 1846.	15	75	»	0 25	1 p. c.	Périmètre cédé par la *Société de Melin*.
												25 août 1846.	67	98	»	0 25	1 p. c.	
6	Ramet	Beco, Piercot, Delmarmol, F. et J. Nosseret et Cies.	Houille.	—	—	—	—	23 fév. 1840.	366	»	»	—	—	—	—	1 00	1 1/2 p. c.	

N^os des arrondissements.	DÉNOMINATION des CONCESSIONS.	DÉSIGNATION des CONCESSIONNAIRES PRIMITIFS.	NATURE.	MAINTENUE. Dates des arrêtés.	Étendue. H.	A.	C.	CONCESSION. Dates des arrêtés.	Étendue. H.	A.	C.	EXTENSION DE CONCESSION. Dates des arrêtés.	Étendue. H.	A.	C.	REDEVANCES en faveur des propriétaires du sol. Fixes. Par hectare.	Proportionnelle.	Observations.
6	Ramet-Yvoz	R. Gilon et Cies	Houille.	—	—	—	—	12 fév. 1829	112	17	»	—	—	—	—	0 40	—	
												7 nov. 1843.	12	61	40	1 50	2 p. c.	
7	Remont	Société de Remont	Alun.	—	—	—	—	1er déc. 1852.	38	»	»	—	—	—	—	0 25	1 p. c.	
3	Ressaix	Société de Ressaix	Houille.	—	—	-	—	13 fév. 1864.	611	»	»	—	—	—		0 50	1 1/2 p. c.	
2	Réunion (Société anonyme)	Société de la Réunion	Houille.	11 sept. 1850.	105	»	»	—	—	-	—	—	—	—	—	—	—	
				26 mars 1862.	17	»	»	—	—	—	—	—	—	—	—	—	—	Réunit à sa concession celle d… *Serre-et-Magrawe.*
2	Réunion	P^ce de Gavre et Cies	Houille.	—	—	—	—	19 sept. 1824	1,121	»	»	—	—	—	—	0 20	—	Appartient à la *Société anonym… des Charbonnages de la Réunio…*
4	Revogne	Société de Revogne	Plomb, pyrite	—	—	—	—	9 juill. 1858.	281	»	»	—	—	—	—	0 25	1 p. c.	
4	Rhisne	Société anon. de Sclessin et héritiers du Cte de Sastogo	Plomb, pyrite	—	—	—	—	20 juin 1867.	769	»	»	—	—	—	—	0 25	3 p. c.	
1	Rieu-du-Cœur	Société du Rieu-du-Cœur.	Houille.	11 juill. 1854.	821	»	»	—	—	—	—	—	—	—	—	—	—	
												11 juill. 1854.	70	»	»	—	—	Réunit à sa concession celle de *L… Boule.*
												25 mars 1855.	789	»	»	1 00	2 p. c.	A. R. des 28 fév. 1847 et 3 aoû… 1872. — Emb^ts vers le chemin d… fer du Haut-et-Bas-Flénu, et ver… le canal de Mons à Condé.
4	Rochefort	Société de Rochefort.	Plomb.	—	—	—	—	1er jour compl. an III.	6,500	»	»	—	—	—	—	—	—	
6	Rocheux	de Thier et Cies	Zinc, fer, calamine, plomb.	—	—	—	—	13 avril 1856.	17	»	»	—	—	—	—	0 25	1 p. c.	A. R. du 9 sept. 1861. — Réuni à l… concession d'*Oneux*, sous la dé… nomination de *Rocheux-Oneux.*
6	Rocheux-Oneux	Société anon. de Rocheux-Oneux	Plomb, zinc, calamine, blen^de, galè^ne, soufre, fer, pyrite.	—	—	—	—	9 sept. 1861.	52	»	»	—	—	—	—	0 25	1 p. c.	Formée de la réunion des conces… sions de *Rocheux* et d'*Oneux.*
												8 déc. 1861.	57	62	»	0 25	1 p. c.	
												8 sept. 1862.	463	»	»	0 25	1 p. c.	
6	Roisseleux-Chaumont, dite La Minerie.	Chaineux, Nicolaï et Biolley et fils	Houille.	—	—	—	—	24 mai 1827.	244	38	»	—	—	—	—	0 30	—	
												30 janv. 1839.	395	41	»	0 25	2 p. c.	
												30 nov. 1861.	803	21	»	0 30	—	Réunit à sa concession celles d… *Jeanson* et de *Moreau.*
												25 sept. 1864.	363	26	97	0 25	1 p. c.	Réunit à sa concession la parti… nord de celle de *Herve* (363 h… 26 a. 97 c.).
2	Roton	Desgain et Cies	Houille.	—	—	—	—	29 brum. an X.	74	»	»	—	—	—	—	—	—	A. R. des 18 juill. 1852 et 28 avri… 1853 — Emb^ts vers le chemin d… fer de l'Etat et vers la Sambre. A. R. du 21 déc. 1853. — Réuni à l… concession de *Roton-Ste Cathe… rine*, sous cette dénomination.

DÉNOMINATION des CONCESSIONS.	DÉSIGNATION des CONCESSIONNAIRES PRIMITIFS.	NATURE.	MAINTENUE.				CONCESSION.				EXTENSION DE CONCESSION.				REDEVANCES en faveur des Propriétaires du sol.		Observations.
			DATES DES ARRÊTÉS.	ÉTENDUE. H.	A.	C.	DATES DES ARRÊTÉS.	ÉTENDUE. H.	A.	C.	DATES DES ARRÊTÉS.	ÉTENDUE. H.	A.	C.	Fixes par hectare	Proportionnelle.	
Roton-Sainte-Catherine . .	Cie de Niverlée et Cie de Courcy	Houille.	21 déc. 1853.	333	63	62	—	—	—	—	—	—	—	—	—	—	
											21 déc. 1853	1	86	80	0 50	2 p. c.	
											21 déc. 1853.	74	»	»	—	—	Réunit à sa concession celle de *Roton*.
Rouveroy.	N Defuisseaux, F. Petit et Cies.	Cuivre.	—	—	—	—	26 fév. 1849.	115	19	24	—	—	—	—	1 00	2 p. c	
Sacré-Français	Ste anon. de Chatelineau .	Houille.	5 déc. 1848.	46	»	»	—	—	—	—	—	—	—	—	0 25	1 p. c	Redevances établies pour les veines contenues dans ce périmètre, mais accordées en concession. A. R. du 12 mai 1858. — Réuni à d'autres concessions, sous la dénomination de *Charbonnages réunis de Charleroi*.
Sacré-Madame (Société anon.)	Société de Sacré-Madame.	Houille.	21 avril 1842.	211	»	»	—	—	—	—	—	—	—	—	—	—	
											21 avril 1842.	26	50	13	2 00	3 p. c.	
											15 oct. 1864.	11	18	»	—	—	Périmètre cédé par la *Société anonyme des Charbonnages réunis de Charleroi*. A. R. du 7 sept. 1851 et du 6 nov. 1873. — Embts vers le canal de Charleroi à Bruxelles et vers le chemin de fer de Charleroi à Louvain.
Saint Antoine.	Ste de la Réunion-du-Nord.	Houille.	23 nov. 1845.	123	»	»	—	—	—	—	—	—	—	—	—	—	A. R du 30 oct. 1858. — Réuni à la concession de *Grosse-et-Petite-Masse-et-Mal-et-Fichet* sous la dénomination de *Masse-et-Diarbois*.
											27 janv. 1846.	177	»	»	0 50	2 p. c.	
											29 août 1847.	36	»	»	0 50	2 p. c.	
Saint-Eloi (Carnières-Sud) .	A. François et Barly frères.	Houille.	—	—	—	—	20 nov. 1843.	354	»	»	—	—	—	—	0 50	1 1/2 p. c.	
Sainte-Aldegonde	Société de Mont-Sainte-Aldegonde	Houille.	—	—	—	—	11 déc 1869.	922	»	»	—	—	—	—	0 50	1 1/2 p. c.	Formée de la réunion des concessions de *Trahegnies* et de *Mont-Sainte-Aldegonde*. A. R. du 14 mars 1873. — Ces deux concessions sont séparées et rétablies d'après leurs actes de concession primitifs.
Saint-Hadelin (Société anon).	Société de Saint-Hadelin. .	Houille.	—	—	—	—	24 déc. 1857.	300	»	»	—	—	—	—	0 25	1 p. c.	
											8 sept 1862.	435	»	»	0 25	1 p. c.	
Saint-Lambert	Dms F. Florence et Cies . .	Houille.	—	—	—	—	12 juill. 1830.	320	»	»	—	—	—	—	0 10	—	
Saint-Martin	Ve de Cartier	Houille.	—	—	—	—	29 déc. 1824.	264	•	»	—	—	—	—	0 10	—	
Saint-Nicolas.	Delaminne et Cies. . .	Alun.	—	—	—	—	20 août 1830.	41	20	»	—	—	—	—	0 20	—	

Nos des arrondissements.	DÉNOMINATION des CONCESSIONS.	DÉSIGNATION des CONCESSIONNAIRES PRIMITIFS.	NATURE.	MAINTENUE.				CONCESSION.				EXTENSION DE CONCESSION.				REDEVANCES en faveur des Propriétaires du sol.		Observations.
				DATES DES ARRÊTÉS.	ÉTENDUE. H.	A.	C.	DATES DES ARRÊTÉS.	ÉTENDUE. H.	A.	C.	DATES DES ARRÊTÉS.	ÉTENDUE. H.	A.	C.	Fixes par hectare.	Proportion nette.	
4	Saint-Roch	J. Eloin et Cies.	Houille.	—	—	—	—	21 nov. 1829.	142	70	»	—	—	—	—	0 10	--	A. R. du 31 oct. 1867. — Réuni à concession d'*Auvelais*, sous la nomination de *Saint-Roch-A velais*.
4	Saint-Roch-Auvelais . . .	Ste anon. de Saint-Roch-Auvelais	Houille.	—	—	—	—	31 oct. 1867.	372	70	»	—	—	—	—	0 25	1 1/2 p. c.	Formée de la réunion des conce sions de *Saint-Roch* et d'*Auv lais*.
												3 déc. 1872.	»	61	»	0 25	1 1/2 p. c.	
4	Saint-Servais.	J. J. Winand	Pyrite.	—	—	—	—	9 sept. 1861.	313	64	»	—	—	—	—	0 25	3 p. c.	
3	Saint-Vaast	Société de Saint-Vaast . .	Houille.	—	—	—	—	9 juin 1866.	148	16	»	—	—	—	—	0 50	1 p. c.	
3	Sars-Longchamps-et-Bouvy (Société anonyme) . . .	Société anonyme de Sars-Longchamps et Bouvy. .	Houille.	18 avril 1865.	604	»	»	—	—	—	—	—	—	—	—	—	—	
5	Sart-d'Avette.	Enfants de J. de Clercx-d'Aigremont.	Houille.	—	—	—	—	2 mars 1829.	172	50	»	—	—	—	—	0 60	—	A. R. du 15 janv. 1854. — Em vers la Meuse.
2	Sart-lez-Moulin.	Godefroy.	Houille.	8 vend an XIV	146	»	»	—	—	—	—	20 nov. 1865.	59	72	»	0 25	1 p. c.	
												—	—	—	—	--	—	A. R. du 28 déc. 1839 — Embt ve le canal de Charleroi à Bruxelle
												8 fév. 1846.	62	»	»	0 50	2 p. c.	A R. du 29 avril 1855. — Réuni d'autres concessions, sous la dé nomination de *Charbonnages d Nord de Charleroi*.
7	Sarts	Debois, Franck, Piercot et Lombard	Zinc, plomb, pyrite.	—	—	—	—	11 fév. 1853.	103	»	»	—	—	—	—	0 25	3 p. c	
5	Sarts-au-Berleur (Ste anon.)	G. J. J. Ghiot et Cies. . .	Houille.	13 fév. 1830.	112	80	»	—	—	—	—	10 fév. 1854.	59	»	»	0 25	1 p. c.	
												—	—	—	—	0 80	—	Redevance établie en faveur de propriétaires avec lesquels n'exis tait pas de convention antérieure A. R. du 16 fév. 1851. — Embt ver la route de Liége à Bierset et ver le chemin de fer de l'État.
6	Sasserotte.	Pce de Capoue	Zinc, plomb, pyrite.	—	—	—	—	15 mai 1857.	39	53	»	—	—	—	—	0 25	1 p. c.	
												27 janv. 1862.	272	»	»	0 25	1 p. c.	
4	Sautour	Cte d'Ursel, Mis de Sassenay et Cies.	Plomb, pyrite, calamine.	—	—	—	—	16 fév. 1848.	217	»	»	—	—	—	—	0 25	2 p. c	
												15 août 1853.	»	»	»	0 25	1 p. c	Redevances établies pour les mines de pyrites contenues dans la concession.
4	Sclayn	Ve N. Burnenville, Semal, Delloye et Cies	Plomb.	—	—	—	—	20 nov. 1840.	217	3	83	—	—	—	—	0 25	1 p. c.	
4	Sclermont.	Ve de Mercx de Corbais . .	Plomb, zinc.	—	—	—	—	12 juill. 1857.	84	»	»	—	—	—	—	0 25	2 p. c.	
5	Sclessin (Société anonyme) .	Société de Sclessin . . .	Houille.	—	—	—	—	7 sept. 1830.	188	47	61	—	—	—	—	0 80	—	

DÉNOMINATION des CONCESSIONS.	DÉSIGNATION des CONCESSIONNAIRES PRIMITIFS.	NATURE.	MAINTENUE.				CONCESSION.				EXTENSION DE CONCESSION.				REDEVANCES en faveur des Propriétaires du sol.		Observations.
			DATES DES ARRÊTÉS.	ÉTENDUE. H.	A.	C.	DATES DES ARRÊTÉS.	ÉTENDUE. H.	A.	C.	DATES DES ARRÊTÉS.	ÉTENDUE. H.	A.	C.	Fixes par hectare.	Proportionnelle.	
Seilles	Cte de Méan et Cie	Houille.	—	—	—	—	6 oct. 1827.	290	12	»	—	—	—	—	0 20	—	
Senzeilles, (V. Alleur).		—	—	—	—	—	—	—	—	—	—	—	—	—	—	—	
Sept-Actions	Société des Sept-Actions	Houille.	18 déc. 1851.	35	»	»	—	—	—	—	—	—	—	—	—	—	A. R. du 9 déc. 1857. — Réuni à la concession des *Ardinoises*, sous la dénomination de *Charbonnages réunis du Centre-de-Gilly*.
Seraing (Société anonyme)	J. Cockerill et Cie	Houille.	—	—	—	—	9 oct. 1828.	195	25	40	—	—	—	—	0 80	—	A. R. des 30 déc 1849 et 12 juin 1872. — Embts vers la Meuse et vers le chemin de fer de Namur à Liége
Serre-et-Magrawe	P. J. Maller	Houille.	26 mars 1862.	17	»	»	—	—	—	—	—	—	—	—	—	—	A. R. du 26 mars 1862. — Réuni à la concession de la *Réunion*, sous cette dénomination.
Sirault	Société de Sirault	Houille.	—	—	—	—	30 sept. 1862.	248	»	»	—	—	—	—	0 50	1 1/2 p. c.	
Six-Bonniers	Société des Six-Bonniers	Houille.	—	—	—	—	13 mars 1827.	157	68	40	—	—	—	—	0 80	—	Appartient, en partie, à la Société anon. : *Fabrique de fer d'Ougrée*.
Solre-Saint-Géry	Lebon frères et E. Grangier.	Zinc, plomb.	—	—	—	—	10 sept. 1853	504	»	»	15 mai 1839. 19 nov. 1864.	2 119	31 »	60 »	1 06 1 00 0 25	2 p. c. 1 p. c. 1 p. c.	
Soye	J. Blommaert	Houille.	—	—	—	—	20 août 1823.	751	»	»	—	—	—	—	0 10	—	
Spy	F. Vigneron, D. Delvigne et Cie	Houille.	—	—	—	—	6 avril 1839.	460	94	46	—	—	—	—	0 25	1 p. c.	
Statte	Dme C. Collignon et Cie	Houille.	—	—	—	—	2 juin 1830.	251	38	»	— 15 mai 1846.	— 35	— 85	— »	0 50 0 50	— 1 p. c.	
Steppes, Refroideur et Fourchette-Poncelet (Fond-de-Piquette)	Société des Steppes	Houille.	21 mars 1847.	150	»	»	—	—	—	—	—	—	—	—	0 25	1 1/4 p. c.	Redevances établies pour les couches comprises dans ce périmètre, mais accordées en concession.
Strépy-Bracquegnies	Sté de Strépy-Bracquegnies.	Houille.	25 mars 1842.	757	»	»	—	—	—	—	—	—	—	—	—	—	A. R. du 15 oct. 1864. — Embt vers le chemin de fer du Centre. A. R. du 28 mars 1870. — Réuni à la concession de *Thieu-Ville-et-Gottignies*, sous la dénomination de *Strépy-et-Thieu*.
Strépy-et-Thieu	Société anonyme de Strépy-Bracquegnies	Houille.	28 mars 1870	3,070	»	»	—	—	—	—	—	—	—	—	—	—	Formée de la réunion des concessions de *Strépy-Bracquegnies* et de *Thieu-Ville-et-Gottignies*.
Stud-Rouveroy	V. Zoude et Cie	Houille.	—	—	—	—	16 janv. 1828.	328	»	»	—	—	—	—	0 10	—	
Tamine	F. Stennier, Delcorde et Cie.	Houille.	—	—	—	—	5 déc. 1827.	426	82	52	—	—	—	—	0 10	—	A. R. du 10 août 1857. — Embt vers le chemin de fer de l'Etat. A. R. du 20 oct. 1859. — Réuni à la concession de *Moignelée*, sous la dénomination de *Charbonnages réunis de la Basse-Sambre*.

N° des arrondissements.	DÉNOMINATION des CONCESSIONS.	DÉSIGNATION des CONCESSIONNAIRES PRIMITIFS.	NATURE.	MAINTENUE. DATES DES ARRÊTÉS.	MAINTENUE. ÉTENDUE. H.	A.	C.	CONCESSION. DATES DES ARRÊTÉS.	CONCESSION. ÉTENDUE. H.	A.	C.	EXTENSION DE CONCESSION. DATES DES ARRÊTÉS.	EXTENSION. ÉTENDUE. H.	A.	C.	REDEVANCES en faveur des Propriétaires du sol. Fixes par hectare.	Proportionnelle.	Observations.
4	Taravisée	Vve Desmanet de Biesme. .	Houille.	—	—	—	—	27 janv. 1830.	138	»	»	—	—	—	—	0 20	—	
4	Tarcienne.	Bon de Cartier et Cie. . .	Fer.	—	—	—	—	5 janv. 1829	1,051	»	»	—	—	—	—	0 10	—	
8	Tellin	D. Delvigne	Plomb.	—	—	—	—	31 mars 1841.	305	51	15	—	—	—	—	0 25	2 p. c.	
4	Temploux.	J. Lammens, L. Preyat et Cie.	Houille.	—	—	—	—	25 nov. 1840.	294	51	18	—	—	—	—	0 25	1 p. c.	
6	Theux	Dandrimont.	Plomb. zinc, pyrite.	—	—	—	—	13 avril 1856.	31	»	»	—	—	—	—	0 25	1 p. c.	
												8 déc. 1861.	13	16	»	0 25	1 p. e.	
3	Thieu-Ville-et-Gottignies .	Cte S. Visart de Bocarmé, A. Delaroche, R. Lefebvre-Meuret	Houille.	14 janv. 1840.	2,313	»	»	...	—	—	—	—	—	—	—	— —	—	A. R. du 28 mars 1870. — Réuni la concession de *Strépy-Bracqu gnies*, sous la dénomination *Strépy-et-Thieu.*
4	Thy-le-Château	Bon de Cartier d'Yve et Cie.	Fer.	—	—	—	—	5 janv. 1829.	687	17	91	—	—	—	..	0 10	—	Appartient à la *Compagnie des m nes, fourneaux, forges et lam noirs de la Sambre.*
3	Trahegnies	Mis Arconati-Visconti . .	Houille.	—	—	—	—	18 fév. 1864.	450	»	»	—	—	—	—	0 50	1 1/2 p. c.	A. R. du 11 déc. 1869. — Réuni à concession de *Mont-Sainte-A degonde,* sous la dénominatio de *Sainte-Aldegonde.* A. R. du 14 mars 1873. — Cette co cession est rétablie en concessio distincte telle que l'institua l'A. R du 18 fév. 1864. Appartient à la *Société anonym des Charbonnages de Leval-Trahegnies.*
7	Tramaka	M. et Mme de Merex . . .	Calamine, plomb, pyrite	—	—	—	—	8 fév. 1851.	147	»	»	—	—	—	—	0 25	3 p. c.	Partage de la concession de *Velaine*
6	Trembleur	J., P. et U. Corbesier. . .	Houille.	14 janv. 1848.	742	40	»	—	—	—	—	—	—	—	—	0 25	1 p. c	Redevances établies pour les couches comprises dans ce périmètre mais accordées en concession.
2	Trieu-de-la-Motte	Société anon. des Charb. du Nord-de-Charleroi. .	Houille.	13 janv. 1860.	181	»	»	—	—	—	—	—	—	—	—	— —	—	A. R. du 13 janv. 1860. — Réuni à d'autres concessions, sous la dénomination de *Charbonnages du Nord-de-Charleroi.*
2	Trieu-des-Agneaux. . . .	H. Lemaitre et Cie. . .	Houille.	31 mars 1845.	25	»	»	—	—	—	—	13 janv. 1860. —	12 —	40 —	47 —	0 50 — —	2 p. c. —	A. R. du 29 avril 1855. — Partage de cette concession : 29 h. 6 a. à la *Société du Grand-Bordia,* et 34 h. 50 a. à la *Société des Charbonnages du Nord-de-Charleroi.*
												20 août 1849.	38	56	»	0 50	2 p. c.	

	DÉNOMINATION des CONCESSIONS.	DÉSIGNATION des CONCESSIONNAIRES PRIMITIFS.	NATURE.	MAINTENUE. DATES DES ARRÊTÉS.	ÉTENDUE. H.	A.	C.	CONCESSION. DATES DES ARRÊTÉS.	ÉTENDUE. H.	A.	C.	EXTENSION DE CONCESSION. DATES DES ARRÊTÉS.	ÉTENDUE. H.	A.	C.	REDEVANCES en faveur des Propriétaires du sol. Fixes par hectare.	Proportionnelle.	Observations.
2	Trieu-Kaisin-Deux-Forêts-et-Combles.	Société de Trieu-Kaisin.	Houille.	24 mars 1848.	566	»	»	—	—	—	—	—	—	—	—	0 50	1 1/2 p. c.	Redevances établies pour les couches comprises dans le périmètre, mais accordées en concession. Formée de la réunion des concessions de *Trieu-Kaisin-et-Grand-Forêt*, de *Petit-Forêt* et de *Combles*.
												26 sept. 1850.	»	72	87	—	—	Cession faite par la *Société du Grand-Mambourg-Sablonnière-Liége*.
												9 août 1854.	1	27	13	—	—	Cession faite par la *Ste du Gouffre*.
2	Trieu-Kaisin et Grand-Forêt.	Société de Trieu-Kaisin. .	Houille.	24 mars 1848.	»	»	»	—	—	—	—	—	—	—	—	—	—	Cette concession fut maintenue et réunie à celles de *Petit-Forêt* et de *Combles*, sous la dénomination de *Trieu-Kaisin-Deux-Forêts-et-Combles*, par le même A. R.
6	Trou-Souris	H. Deflandre et Cie. . .	Houille.	—	—	—	—	22 sept. 1828.	176	25	»	—	—	—	—	0 48	—	
												29 janv. 1844.	47	64	»	1 00	3 p. c.	
												7 juill. 1848.	5	»	»	0 25	1 p. c.	
4	Turlupu (Petite-Sorcière) (Société anonyme)	Société de la Petite-Sorcière.	Houille.	31 déc. 1840.	710	58	52	—	—	—	—	—	—	—	—	—	—	Par acte, en date du 9 mai 1853, cette société a cédé, à forfait, son exploitation à la société de *Bonnet-et-Veine-à-Mouches*.
5	Val-Benoit	Société du Val-Benoit . .	Houille.	—	—	—	—	20 avril 1828.	481	60	»	—	—	—	—	0 80	—	
												14 mars 1830.	24	20	»	0 80	—	
												21 sept. 1867.	194	»	»	2 00	2 p. c.	
5	Valentin-Coq (Société anon.)	Société Valentin-Coq. . .	Houille.	—	—	—	—	3 fév. 1841.	131	83	»	—	—	—	—	1 50	1 1/2 p. c.	A. R. des 3 oct. 1847 et 25 juin 1852. — Embts vers la Meuse et le chemin de fer de Namur à Liége.
												2 sept. 1856.	50	88	»	1 50	1 1/2 p. c.	Appartient à la *Société anonyme de la Vieille-Montagne*. A. R. du 26 déc. 1865. — Réuni à la concession de *Coune-et-Colladios*, sous la dénomination de *Valentin-Coq-Colladios*.
5	Valentin-Coq-Colladios . .	Société anon. de la Vieille-Montagne.	Houille.	—	—	—	—	26 déc. 1865.	373	37	50	—	—	—	—	1 50	1 1/2 p. c.	Formée de la réunion des concessions de *Valentin-Coq* et de *Coune-et-Colladios*.
7	Val-Notre-Dame	Héritiers Gosuin	Houille.	—	—	—	—	4 nov. 1855	504	»	»	—	—	—	—	0 25	1 p. c	
6	Vaux	Ve Vanderstraeten, Beguin et Bonhomme	Zinc.	—	—	—	—	18 fév. 1861.	8	»	»	—	—	—	—	0 25	1 p. c.	

N°s des arrondissements.	DÉNOMINATION des CONCESSIONS.	DÉSIGNATION des CONCESSIONNAIRES PRIMITIFS.	NATURE.	MAINTENUE.				CONCESSION.				EXTENSION DE CONCESSION.				REDEVANCES en faveur des Propriétaires du sol.		Observations.
				DATES DES ARRÊTÉS.	ÉTENDUE. H.	A.	C.	DATES DES ARRÊTÉS.	ÉTENDUE. H.	A.	C.	DATES DES ARRÊTÉS.	ÉTENDUE. H.	A.	C.	Fixes par hectare.	Proportionnelle.	
4	Vedrin (Société anon.) . .	Duc d'Aremberg	Plomb, pyrite.	—	—	—	—	2 avril 1806.	1,229	50	»	—	—		—	—	—	A. R. du 20 sept 1840. — Partage de cette concession : *Vedrin :* 3,103 h. 79 a. 65 c. *Marche-les-Dames :* 3,343 h. 20 a. 35 c.
												15 août 1825.	4,728	30	»	0 06	—	
												11 oct. 1826.	537	20	»	0 06	—	
								Réduite 20 sept. 1840.	3,103	79	65	—	—	—	—	0 06	—	
												20 sept 1840.	650	»	»	0 06	—	
4	Velaine.	P. et F. Hanolet, A. Durieu.	Houille.	—	—	—	—	19 juin 1828.	437	»	»	—	—	—	—	0 10	—	
7	Velaine.	Cte de Méan et Cie . . .	Calamine, plomb, pyrite.	—	—	—	—	12 fév. 1848.	381	»	»	—	—	—	—	0 25	3 p. c.	A. R. du 8 fév. 1851. — Partage de cette concession : *Velaine :* 234 h. *Tramaka :* 147 h.
								Réduite 8 fév. 1851.	234	»	»	—	—	—	—	0 25	3 p. c.	
												10 janv. 1862.	240	88	»	0 25	3 p. c.	
6	Verleumont	Pce et Pcesse de Capoue . .	Manganèse.	—	—	—	—	20 mars 1864.	292	»	»	—	—	—	—	0 25	1 p. c.	
4	Vezin	Sociétés anon. J. Cockerill et d'Ougrée et Cie. . .	Pyrite.	—	—	—	—	27 nov. 1862.	86	35	»	—	—	—	—	0 25	2 p. c.	
6	Vieille-Montagne (Ste anon.).	Dony	Calamine.	24 mars 1806.	8,500	»	»	—	—	—		—	—	—	—	—	—	Le périmètre de cette concession se trouve : partie en Belgique, partie en Prusse, partie sur le territoire neutre de Moresnet.
8	Vielsalm	Société anon. de Marcinelle-Couillet	Manganèse.	—	—	—	—	26 juill. 1871.	650	»	»	—	—	—	—	0 25	1 p. c.	
3	Viernoy	Ch. Mourlon-Gendebien et Cie.	Houille.	—	—	—	—	28 sept. 1861.	328	»	»	—	—	—	—	0 50	1 1/2 p. c.	Appartient à la *Société anonyme métallurgique et charbonnière belge.*
4	Villers-en Fagne	J. H. Kissing	Plomb, pyrite.	—	—	—	—	6 juill. 1851.	95	»	»	—	—	—	—	0 25	2 p. c.	
7	Villers-le-Bouillet	Godbille et Werpin . . .	Houille.	—	—	—		23 juin 1846.	117	»	»	—	—	—	—	0 25	1 p. c.	
												6 juill. 1851.	189	»	»	0 25	1 p. c.	
7	Vinalmont.	G. de Faudeur.	Houille.	—	—	—	—	15 juin 1846.	266	»	»	—	—	—	—	0 25	1 p. c.	
4	Viroin	Société du Viroin	Plomb, zinc, pyrite.	—	—	—	—	2 juill. 1854.	496	»	»	—	—	—	—	0 25	1 p. c.	
7	Vivegnies	Société de Vivegnies . . .	Alun.	—	—	—	—	8 brum. an II.	5	»	»	—	—	—	—	—	—	
2	Vivier-du-Couchant . . .	Ste du Vivier-du-Couchant.	Houille.	11 sept. 1850.	52	»	»	—	—	—	—	—	—	—	—	—	—	A. R. du 24 août 1859. — Réuni à la concession du *Vivier-du-Levant*, sous la dénomination de *Viviers-Réunis.*
												11 sept. 1850.	22	»	»	0 50	2 p. c.	
2	Vivier-du-Levant	Société du Vivier du-Levant.	Houille.	11 sept. 1850.	194	»	»	—	—	—	—	—	—	—	—	—	—	A. R. du 24 août 1859. — Réuni à la concession du *Vivier-du-Couchant*, sous la dénomination de *Viviers-Réunis.*
												11 sept. 1850.	58	»	»	0 50	2 p. c.	

DÉNOMINATION des CONCESSIONS.	DÉSIGNATION des CONCESSIONNAIRES-PRIMITIFS.	NATURE.	MAINTENUE.				CONCESSION.				EXTENSION DE CONCESSION.				REDEVANCES en faveur des Propriétaires du sol.			Observations.
			DATES DES ARRÊTÉS.	ÉTENDUE. H.	A.	C.	DATES DES ARRÊTÉS.	ÉTENDUE. H.	A.	C.	DATES DES ARRÊTÉS.	ÉTENDUE. H.	A.	C.	Fixes par hectare.		Proportionnelle.	
viers-Réunis	Société du Vivier	Houille.	24 août 1859	246	»	»	--	—	-	-	—	—	—	—	—	--	—	Formée de la réunion des concessions du *Vivier-du-Levant* et du *Vivier-du-Couchant*.
							24 août 1859.	80	»	»	—	—	—	—	0	50	2 p. c.	
											24 août 1859.	1	13	»	0	50	2 p. c.	
odecée	Société de Philippeville . .	Zinc, plomb, pyrite	—	—	—	—	22 avril 1850.	153	»	»	—	—	—	—	0	25	2 p. c.	
											10 janv. 1852.	46	17	45	0	25	2 p. c.	
											17 mars 1856.	104	25	»	0	25	2 p. c.	
hairon	Delexhy	Alun.	—	—	—	—	23 sept. 1813.	100	»	»	—	--	—	—	0	10	..	
andre	Imandrik et Cie	Houille.	---	—	--	--	6 oct. 1827	277	35	92	--	---	—	—	0	60	—	
											10 fév. 1838.	177	63	»	0	60	—	
											28 fév. 1847.	86	91	»	0	25	1 p. c.	
anze	Gillard Frères	Houille		—	—	—	4 nov. 1855.	150	59	»	—	--	—	—	0	25	1 p. c.	
artonlieux	Preux	Houille.	—	—	—	—	22 oct. 1808.	135	»	»	—	—	—	—	--	--	--	A. R. du 10 janv. 1856. — Réuni à la concession de *Falnuée*, sous cette dénomination.
eillen.	A. De Wilmet et J. Arnaud.	Fer	—	—	—	--	5 juill. 1830.	448	»	»	—	—	—	—	0	10	—	
elkenraedt	Société anon. de la Vieille-Montagne.	Plomb, zinc, pyrite.	—	—	--	—	29 mai 1850.	200	»	»	—	—	--	—	0	50	2 p. c.	A. R. du 10 déc. 1853. — Embt vers le chemin de fer de l'État.
											17 janv. 1867.	1,418	70	»	0	50	2 p. c.	
erbomont	Fromont, Delattre et Cie .	Manganèse.	—	—	—	—	12 août 1868.	740	»	»	--	—	—	—	0	25	1 p. c.	
ergifosse	Sté de Wergifosse-Xhendelesse.	Houille.	5 fév. 1828.	470	60	10	—	—	—	—	—	—	--	—	0	40	—	Redevances établie en faveur des propriétaires avec lesquels n'existaient pas de conventions antérieures A. R. du 25 sept. 1864. — Réuni à la concession de *Herve*, sous la dénomination de *Herve-Wergifosse*.
Wérister-Nooz-Donné. . .	Société de Wérister-Nooz-Donné.	Houille.	—	—	—	—	16 août 1846.	101	»	»	—	--	—	—	0	25	1 1/2 p. c.	Appartient à la *Société anonyme des Charbonnages de Wérister*.
Wiers	Société de Don.	Houille.	—	—	—	—	18 mai 1863.	205	»	»	—	—	—	--	0	50	1 p. c.	
Wissembach	Stubs, Macpherson et Matthyssen	Galène, barite plumbifère.	—	—	—	—	22 août 1858.	88	»	»	—	—	-	—	0	25	1 p. c.	
Xhorré.	Société du Xhorré. . . .	Houille.	—	—	—	—	7 sept. 1843.	148	32	60	—	—	—	—	1	50	2 p. c.	A. R. du 15 avril 1862. — Réuni à la concession des *Artistes*, sous la dénomination de : *Artistes-Xhorré*.
Yve	Bon de Cartier d'Yve. . .	Fer.	—	—	—	—	12 déc. 1828.	512	»	»	—	--	—	—	0	10	—	
Yvoz	F. Kemlin et Cie. . . .	Houille.	—	—	—	—	12 fév. 1829.	145	86	59	—	—	—	—	0	80	—	
											15 juill. 1830.	19	1	44	0	80	—	
											7 sept. 1843.	48	9	9	1	50	2 p. c.	

www.ingramcontent.com/pod-product-compliance
Ingram Content Group UK Ltd.
Pitfield, Milton Keynes, MK11 3LW, UK
UKHW022151190726
13855UKWH00004B/1434

9 782013 06939